I0168601

SÉRVIO

VOCABULÁRIO

PORTUGUÊS BRASILEIRO

PORTUGUÊS SÉRVIO

Para alargar o seu léxico e apurar
as suas competências linguísticas

7000 palavras

Vocabulário Português Brasileiro-Sérvio - 7000 palavras

Por Andrey Taranov

Os vocabulários da T&P Books destinam-se a ajudar a aprender, a memorizar, e a rever palavras estrangeiras. O dicionário é dividido em temas, cobrindo todas as principais esferas de atividades quotidianas, negócios, ciência, cultura, etc.

O processo de aprendizagem, utilizando os dicionários baseados em temáticas da T&P Books dá-lhe as seguintes vantagens:

- Informação de origem corretamente agrupada predetermina o sucesso em fases subsequentes da memorização de palavras
- Disponibilização de palavras derivadas da mesma raiz, o que permite a memorização de unidades de texto (em vez de palavras separadas)
- Pequenas unidades de palavras facilitam o processo de estabelecimento de vínculos associativos necessários para a consolidação do vocabulário
- O nível de conhecimento da língua pode ser estimado pelo número de palavras aprendidas

Copyright © 2020 T&P Books Publishing

Todos os direitos reservados. Nenhuma parte desta publicação pode ser reproduzida, total ou parcialmente, por quaisquer métodos ou processos, sejam eles eletrônicos, mecânicos, de fotocópia ou outros, sem a autorização escrita do editor. Esta publicação não pode ser divulgada, copiada ou distribuída em nenhum formato.

T&P Books Publishing
www.tpbooks.com

ISBN: 978-1-78767-341-0

Este livro também está disponível em formato E-book.
Por favor visite www.tpbooks.com ou as principais livrarias on-line.

VOCABULÁRIO SÉRVIO
palavras mais úteis

Os vocabulários da T&P Books destinam-se a ajudar a aprender, a memorizar, e a rever palavras estrangeiras. O vocabulário contém mais de 7000 palavras de uso comum organizadas tematicamente.

O vocabulário contém as palavras mais comummente usadas

Recomendado como adicional para qualquer curso de línguas

Satisfaz as necessidades dos iniciados e dos alunos avançados de línguas estrangeiras

Conveniente para o uso diário, sessões de revisão e atividades de auto-teste

Permite avaliar o seu vocabulário

Características especias do vocabulário

• As palavras estão organizadas de acordo com o seu significado, e não por ordem alfabética

• As palavras são apresentadas em três colunas para facilitar os processos de revisão e auto-teste

• As palavras compostas são divididas em pequenos blocos para facilitar o processo de aprendizagem

• O vocabulário oferece uma transcrição simples e adequada de cada palavra estrangeira

O vocabulário contém 198 tópicos incluindo:

Conceitos básicos, Números, Cores, Meses, Estações do ano, Unidades de medida, Roupas & Acessórios, Alimentos & Nutrição, Restaurante, Membros da Família, Parentes, Caráter, Sentimentos, Emoções, Doenças, Cidade, Passeios, Compras, Dinheiro, Casa, Lar, Escritório, Trabalho no Escritório, Importação & Exportação, Marketing, Pesquisa de Emprego, Esportes, Educação, Computador, Internet, Ferramentas, Natureza, Países, Nacionalidades e muito mais ...

TABELA DE CONTEÚDOS

GUIA DE PRONUNCIAÇÃO

Letra	Exemplo Sérvio	Alfabeto fonético T&P	Exemplo Português
A a	авлија	[a]	chamar
E e	ексер	[e]	metal
И и	излаз	[i]	sinônimo
O o	очи	[o]	lobo
У у	ученик	[u]	bonita

Consoantes

Б б	брег	[b]	barril
В в	вода	[ʋ]	fava
Г г	глава	[g]	gosto
Д д	дим	[d]	dentista
Ђ ђ	ђак	[dʑ]	tajique
Ж ж	жица	[ʒ]	talvez
З з	зец	[z]	sésamo
Ј ј	мој	[j]	Vietnã
К к	киша	[k]	aquilo
Л л	лептир	[l]	libra
Љ љ	љиљан	[ʎ]	barulho
М м	мајка	[m]	magnólia
Н н	нос	[n]	natureza
Њ њ	књига	[ɲ]	ninhada
П п	праг	[p]	presente
Р р	рука	[r]	riscar
С с	слово	[s]	sanita
Т т	тело	[t]	tulipa
Ћ ћ	ћуран	[tɕ]	tchetcheno
Ф ф	фењер	[f]	safári
Х х	хлеб	[h]	[h] aspirada
Ц ц	цео	[ts]	tsé-tsé
Ч ч	чизме	[tʃ]	Tchau!
Џ џ	џбун	[dʒ]	adjetivo
Ш ш	шах	[ʃ]	mês

ABREVIATURAS
usadas no vocabulário

Abreviaturas do Português

adj	-	adjetivo
adv	-	advérbio
anim.	-	animado
conj.	-	conjunção
desp.	-	esporte
etc.	-	Etcetera
ex.	-	por exemplo
f	-	nome feminino
f pl	-	feminino plural
fem.	-	feminino
inanim.	-	inanimado
m	-	nome masculino
m pl	-	masculino plural
m, f	-	masculino, feminino
masc.	-	masculino
mat.	-	matemática
mil.	-	militar
pl	-	plural
prep.	-	preposição
pron.	-	pronome
sb.	-	sobre
sing.	-	singular
v aux	-	verbo auxiliar
vi	-	verbo intransitivo
vi, vt	-	verbo intransitivo, transitivo
vr	-	verbo reflexivo
vt	-	verbo transitivo

Abreviaturas do Sérvio

ж	-	nome feminino
ж мн	-	feminino plural
м	-	nome masculino
м мн	-	masculino plural
м, ж	-	masculino, feminino
мн	-	plural
нг	-	verbo intransitivo
нг, пг	-	verbo intransitivo, transitivo

пг	-	verbo transitivo
с	-	neutro
с мн	-	neutro plural

CONCEITOS BÁSICOS

Conceitos básicos. Parte 1

1. Pronomes

eu	ja	ja
você	ти	ti
ele	он	on
ela	она	óna
ele, ela (neutro)	оно	óno
nós	ми	mi
vocês	ви	vi
eles	они	óni
elas	оне	óne

2. Cumprimentos. Saudações. Despedidas

Oi!	Здраво!	Zdrávo!
Olá!	Добар дан!	Dóbar dan!
Bom dia!	Добро јутро!	Dóbro jútro!
Boa tarde!	Добар дан!	Dóbar dan!
Boa noite!	Добро вече!	Dóbro véče!
cumprimentar (vt)	поздрављати (пr)	pózdravljati
Oi!	Здраво!	Zdrávo!
saudação (f)	поздрав (м)	pózdrav
saudar (vt)	поздрављати (пr)	pózdravljati
Como você está?	Како сте?	Káko ste?
Como vai?	Како си?	Káko si?
E aí, novidades?	Шта је ново?	Šta je nóvo?
Tchau!	Довиђења!	Doviđénja!
Até logo!	Здраво!	Zdrávo!
Até breve!	Видимо се ускоро!	Vídimo se úskoro!
Adeus!	Збогом!	Zbógom!
despedir-se (dizer adeus)	опраштати се	opráštati se
Até mais!	Ћао! Здраво!	Ćáo! Zdrávo!
Obrigado! -a!	Хвала!	Hvála!
Muito obrigado! -a!	Хвала лепо!	Hvála lépo!
De nada	Изволите	Izvólite
Não tem de quê	Нема на чему!	Néma na čému!
Não foi nada!	Нема на чему	Néma na čému
Desculpa!	Извини!	Izvíni!

| Desculpe! | Извините! | Izvínite! |
| desculpar (vt) | извињавати (пг) | izvinjávati |

desculpar-se (vr)	извињавати се	izvinjávati se
Me desculpe	Извињавам се	Izvinjávam se
Desculpe!	Извините!	Izvínite!
perdoar (vt)	опраштати (пг)	opráštati
Não faz mal	Ништа страшно!	Níšta strášno!
por favor	молим	mólim

Não se esqueça!	Не заборавите!	Ne zabóravite!
Com certeza!	Наравно!	Náravno!
Claro que não!	Наравно да не!	Náravno da ne!
Está bem! De acordo!	Слажем се!	Slážem se!
Chega!	Доста!	Dósta!

3. Números cardinais. Parte 1

zero	нула (ж)	núla
um	један	jédan
dois	два	dva
três	три	tri
quatro	четири	četiri

cinco	пет	pet
seis	шест	šest
sete	седам	sédam
oito	осам	ósam
nove	девет	dévet

dez	десет	déset
onze	једанаест	jedánaest
doze	дванаест	dvánaest
treze	тринаест	trínaest
catorze	четрнаест	četŕnaest

quinze	петнаест	pétnaest
dezesseis	шеснаест	šésnaest
dezessete	седамнаест	sedámnaest
dezoito	осамнаест	osámnaest
dezenove	деветнаест	devétnaest

vinte	двадесет	dvádeset
vinte e um	двадесет и један	dvádeset i jédan
vinte e dois	двадесет и два	dvádeset i dva
vinte e três	двадесет и три	dvádeset i tri

trinta	тридесет	trídeset
trinta e um	тридесет и један	trídeset i jédan
trinta e dois	тридесет и два	trídeset i dva
trinta e três	тридесет и три	trideset i tri

| quarenta | четрдесет | četrdéset |
| quarenta e um | четрдесет и један | četrdéset i jédan |

| quarenta e dois | четрдесет и два | četrdéset i dva |
| quarenta e três | четрдесет и три | četrdéset i tri |

cinquenta	педесет	pedéset
cinquenta e um	педесет и један	pedéset i jédan
cinquenta e dois	педесет и два	pedéset i dva
cinquenta e três	педесет и три	pedéset i tri

sessenta	шездесет	šezdéset
sessenta e um	шездесет и један	šezdéset i jédan
sessenta e dois	шездесет и два	šezdéset i dva
sessenta e três	шездесет и три	šezdéset i tri

setenta	седамдесет	sedamdéset
setenta e um	седамдесет и један	sedamdéset i jédan
setenta e dois	седамдесет и два	sedamdéset i dva
setenta e três	седамдесет и три	sedamdéset i tri

oitenta	осамдесет	osamdéset
oitenta e um	осамдесет и један	osamdéset i jédan
oitenta e dois	осамдесет и два	osamdéset i dva
oitenta e três	осамдесет и три	osamdéset i tri

noventa	деведесет	devedéset
noventa e um	деведесет и један	devedéset i jédan
noventa e dois	деведесет и два	devedéset i dva
noventa e três	деведесет и три	devedéset i tri

4. Números cardinais. Parte 2

cem	сто	sto
duzentos	двеста	dvésta
trezentos	триста	trísta
quatrocentos	четиристо	četiristo
quinhentos	петсто	pétsto
seiscentos	шестсто	šéststo
setecentos	седамсто	sédamsto
oitocentos	осамсто	ósamsto
novecentos	деветсто	dévetsto

mil	хиљада (ж)	híljada
dois mil	две хиљаде	dve híljade
três mil	три хиљаде	tri híljade
dez mil	десет хиљада	déset híljada
cem mil	сто хиљада	sto híljada
um milhão	милион (м)	milíon
um bilhão	милијарда (ж)	milíjarda

5. Números. Frações

| fração (f) | разломак (м) | rázlomak |
| um meio | једна половина | jédna pólovina |

| um terço | једна трећина (ж) | jédna trećína |
| um quarto | једна четвртина | jédna čétvrtina |

um oitavo	једна осмина (ж)	jédna osmína
um décimo	једна десетина	jédna désetina
dois terços	две трећине	dve trećíne
três quartos	три четвртине	tri četvŕtine

6. Números. Operações básicas

subtração (f)	одузимање (c)	oduzímanje
subtrair (vi, vt)	одузимати (nr)	odúzimati
divisão (f)	дељење (c)	déljenje
dividir (vt)	делити (nr)	déliti

adição (f)	сабирање (c)	sabíranje
somar (vt)	сабрати (nr)	sábrati
adicionar (vt)	сабирати (nr)	sábirati
multiplicação (f)	множење (c)	mnóženje
multiplicar (vt)	множити (nr)	mnóžiti

7. Números. Diversos

algarismo, dígito (m)	цифра (ж)	cífra
número (m)	број (м)	broj
numeral (m)	број (м)	broj
menos (m)	минус (м)	mínus
mais (m)	плус (м)	plus
fórmula (f)	формула (ж)	fórmula

cálculo (m)	израчунавање (c)	izračunávanje
contar (vt)	бројати (nr)	brójati
calcular (vt)	бројати (nr)	brójati
comparar (vt)	упоређивати (nr)	upoređívati

| Quanto, -os, -as? | Колико? | Kolíko? |
| soma (f) | збир (м) | zbir |

| resultado (m) | резултат (м) | rezúltat |
| resto (m) | остатак (м) | ostátak |

alguns, algumas ...	неколико	nékoliko
pouco (~ tempo)	мало	málo
resto (m)	остало (c)	óstalo

| um e meio | један и по | jédan i po |
| dúzia (f) | туце (c) | túce |

ao meio	напола	nápola
em partes iguais	на равне делове	na rávne délove
metade (f)	половина (ж)	polóvina
vez (f)	пут (м)	put

8. Os verbos mais importantes. Parte 1

abrir (vt)	отварати (nr)	otvárati
acabar, terminar (vt)	завршавати (nr)	završávati
aconselhar (vt)	саветовати (nr)	sávetovati
adivinhar (vt)	погодити (nr)	pogóditi
advertir (vt)	упозоравати (nr)	upozorávati
ajudar (vt)	помагати (nr)	pomágati
almoçar (vi)	ручати (нr)	rúčati
alugar (~ um apartamento)	изнајмити (nr)	iznájmiti
amar (pessoa)	волети (nr)	vóleti
ameaçar (vt)	претити (нr)	prétiti
anotar (escrever)	записивати (nr)	zapisívati
apressar-se (vr)	журити се	žúriti se
arrepender-se (vr)	жалити (нr)	žáliti
assinar (vt)	потписивати (nr)	potpisívati
brincar (vi)	шалити се	šáliti se
brincar, jogar (vi, vt)	играти (нr)	ígrati
buscar (vt)	тражити (nr)	trážiti
caçar (vi)	ловити (nr)	lóviti
cair (vi)	падати (нr)	pádati
cavar (vt)	копати (nr)	kópati
chamar (~ por socorro)	звати (nr)	zváti
chegar (vi)	стизати (нr)	stízati
chorar (vi)	плакати (нr)	plákati
começar (vt)	почињати (нr, nr)	póčinjati
comparar (vt)	упоређивати (nr)	upoređívati
concordar (dizer "sim")	слагати се	slágati se
confiar (vt)	веровати (nr)	vérovati
confundir (equivocar-se)	бркати (nr)	bŕkati
conhecer (vt)	знати (nr)	znáti
contar (fazer contas)	рачунати (nr)	račúnati
contar com …	рачунати на …	račúnati na …
continuar (vt)	настављати (nr)	nástavljati
controlar (vt)	контролисати (nr)	kontrólisati
convidar (vt)	позивати (nr)	pozívati
correr (vi)	трчати (нr)	tŕčati
criar (vt)	створити (nr)	stvóriti
custar (vt)	коштати (нr)	kóštati

9. Os verbos mais importantes. Parte 2

dar (vt)	давати (nr)	dávati
dar uma dica	дати миг	dáti mig
decorar (enfeitar)	украшавати (nr)	ukrašávati
defender (vt)	штитити (nr)	štítiti
deixar cair (vt)	испуштати (nr)	ispúštati

descer (para baixo)	спуштати се	spúštati se
desculpar (vt)	извињавати (пг)	izvinjávati
desculpar-se (vr)	извињавати се	izvinjávati se
dirigir (~ uma empresa)	руководити (пг)	rukovóditi
discutir (notícias, etc.)	расправљати (пг)	ráspravljati
disparar, atirar (vi)	пуцати (нг)	púcati
dizer (vt)	рећи (пг)	réći
duvidar (vt)	сумњати (нг)	súmnjati
encontrar (achar)	наћи (пг)	náći
enganar (vt)	обмањивати (пг)	obmanjívati
entender (vt)	разумевати (пг)	razumévati
entrar (na sala, etc.)	ући, улазити (нг)	úći, úlaziti
enviar (uma carta)	слати (пг)	sláti
errar (enganar-se)	грешити (нг)	gréšiti
escolher (vt)	бирати (пг)	bírati
esconder (vt)	крити (пг)	kríti
escrever (vt)	писати (пг)	písati
esperar (aguardar)	чекати (нг, пг)	čékati
esperar (ter esperança)	надати се	nádati se
esquecer (vt)	заборављати (нг, пг)	zabóravljati
estudar (vt)	студирати (пг)	studírati
exigir (vt)	захтевати, тражити	zahtévati, trážiti
existir (vi)	постојати (нг)	póstojati
explicar (vt)	објашњавати (пг)	objašnjávati
falar (vi)	говорити (нг)	govóriti
faltar (a la escuela, etc.)	пропуштати (пг)	propúštati
fazer (vt)	радити (пг)	ráditi
ficar em silêncio	ћутати (нг)	ćútati
gabar-se (vr)	хвалисати се	hválisati se
gostar (apreciar)	свиђати се	svíđati se
gritar (vi)	викати (нг)	víkati
guardar (fotos, etc.)	чувати (пг)	čúvati
informar (vt)	информисати (пг)	infórmisati
insistir (vi)	инсистирати (нг)	insistírati
insultar (vt)	вређати (пг)	vréđati
interessar-se (vr)	интересовати се	ínteresovati se
ir (a pé)	ићи (нг)	íći
ir nadar	купати се	kúpati se
jantar (vi)	вечерати (нг)	véčerati

10. Os verbos mais importantes. Parte 3

ler (vt)	читати (нг, пг)	čítati
libertar, liberar (vt)	ослобађати (пг)	oslobáđati
matar (vt)	убијати (нг)	ubíjati
mencionar (vt)	спомињати (пг)	spóminjati
mostrar (vt)	показивати (пг)	pokazívati

mudar (modificar)	променити (пг)	proméniti
nadar (vi)	пливати (нг)	plívati
negar-se a … (vr)	одбијати се	odbíjati se
objetar (vt)	приговарати (нг)	prigovárati
observar (vt)	посматрати (нг)	posmátrati
ordenar (mil.)	наређивати (пг)	naređívati
ouvir (vt)	чути (нг, пг)	čúti
pagar (vt)	платити (нг, пг)	plátiti
parar (vi)	заустављати се	zaústavljati se
parar, cessar (vt)	прекидати (пг)	prekídati
participar (vi)	учествовати (нг)	účestvovati
pedir (comida, etc.)	наручивати (пг)	naručívati
pedir (um favor, etc.)	молити (пг)	móliti
pegar (tomar)	узети (пг)	úzeti
pegar (uma bola)	ловити (пг)	lóviti
pensar (vi, vt)	мислити (нг)	mísliti
perceber (ver)	запажати (пг)	zapážati
perdoar (vt)	опраштати (пг)	opráštati
perguntar (vt)	питати (пг)	pítati
permitir (vt)	дозвољавати (нг, пг)	dozvoljávati
pertencer a … (vi)	припадати (нг)	prípadati
planejar (vt)	планирати (пг)	planírati
poder (~ fazer algo)	моћи (нг)	móći
possuir (uma casa, etc.)	поседовати (пг)	pósedovati
preferir (vt)	преферирати (пг)	preferírati
preparar (vt)	кувати (пг)	kúvati
prever (vt)	предвиђати (пг)	predvíđati
prometer (vt)	обећати (пг)	obéćati
pronunciar (vt)	изговарати (пг)	izgovárati
propor (vt)	предлагати (пг)	predlágati
punir (castigar)	кажњавати (пг)	kažnjávati
quebrar (vt)	ломити (пг)	lómiti
queixar-se de …	жалити се	žáliti se
querer (desejar)	хтети (пг)	htéti

11. Os verbos mais importantes. Parte 4

ralhar, repreender (vt)	грдити (пг)	gŕditi
recomendar (vt)	препоручивати (пг)	preporučívati
repetir (dizer outra vez)	понављати (пг)	ponávljati
reservar (~ um quarto)	резервисати (пг)	rezervísati
responder (vt)	одговарати (нг, пг)	odgovárati
rezar, orar (vi)	молити се	móliti se
rir (vi)	смејати се	sméjati se
roubar (vt)	красти (пг)	krásti
saber (vt)	знати (пг)	znáti
sair (~ de casa)	изаћи (нг)	ízaći

salvar (resgatar)	спасавати (пг)	spasávati
seguir (~ alguém)	пратити (пг)	prátiti
sentar-se (vr)	седати (нг)	sédati
ser necessário	бити потребан	bíti pótreban
ser, estar	бити (нг, пг)	bíti
significar (vt)	значити (нг)	znáčiti
sorrir (vi)	осмехивати се	osmehívati se
subestimar (vt)	подцењивати (пг)	podcenjívati
surpreender-se (vr)	чудити се	čúditi se
tentar (~ fazer)	пробати (нг)	próbati
ter (vt)	имати (пг)	ímati
ter fome	бити гладан	bíti gládan
ter medo	плашити се	plášiti se
ter sede	бити жедан	bíti žédan
tocar (com as mãos)	дирати (пг)	dírati
tomar café da manhã	доручковати (нг)	dóručkovati
trabalhar (vi)	радити (нг)	ráditi
traduzir (vt)	преводити (пг)	prevóditi
unir (vt)	уједињавати (пг)	ujedinjávati
vender (vt)	продавати (пг)	prodávati
ver (vt)	видети (пг)	vídeti
virar (~ para a direita)	скретати (нг)	skrétati
voar (vi)	летети (нг)	léteti

12. Cores

cor (f)	боја (ж)	bója
tom (m)	нијанса (ж)	nijánsa
tonalidade (m)	тон (м)	ton
arco-íris (m)	дуга (ж)	dúga
branco (adj)	бео	béo
preto (adj)	црн	cŕn
cinza (adj)	сив	siv
verde (adj)	зелен	zélen
amarelo (adj)	жут	žut
vermelho (adj)	црвен	cŕven
azul (adj)	плав	plav
azul claro (adj)	светло плав	svétlo plav
rosa (adj)	ружичаст	rúžičast
laranja (adj)	наранџаст	nárandžast
violeta (adj)	љубичаст	ljúbičast
marrom (adj)	браон	bráon
dourado (adj)	златан	zlátan
prateado (adj)	сребрнаст	srébrnast
bege (adj)	беж	bež
creme (adj)	боје крем	bóje krem

turquesa (adj)	тиркизан	tírkizan
vermelho cereja (adj)	боје вишње	bóje víšnje
lilás (adj)	лила	líla
carmim (adj)	боје малине	bóje máline
claro (adj)	светао	svétao
escuro (adj)	таман	táman
vivo (adj)	јарки	járki
de cor	обојен	óbojen
a cores	у боји	u bóji
preto e branco (adj)	црно-бели	cŕno-béli
unicolor (de uma só cor)	једнобојан	jédnobojan
multicolor (adj)	разнобојан	ráznobojan

13. Questões

Quem?	Ко?	Ko?
O que?	Шта?	Šta?
Onde?	Где?	Gde?
Para onde?	Куда?	Kúda?
De onde?	Одакле? Откуд?	Ódakle? Ótkud?
Quando?	Када?	Káda?
Para quê?	Зашто?	Zášto?
Por quê?	Зашто?	Zášto?
Para quê?	За шта? Због чега?	Zá šta? Zbog čéga?
Como?	Како?	Káko?
Qual (~ é o problema?)	Какав?	Kákav?
Qual (~ deles?)	Који?	Kóji?
A quem?	Коме?	Kóme?
De quem?	О коме?	O kóme?
Do quê?	О чему?	O čému?
Com quem?	Са ким?	Sa kim?
Quanto, -os, -as?	Колико?	Kolíko?
De quem? (masc.)	Чији?	Číji?
De quem? (fem.)	Чија?	Číja?
De quem são ...?	Чије?	Číje?

14. Palavras funcionais. Advérbios. Parte 1

Onde?	Где?	Gde?
aqui	овде	óvde
lá, ali	тамо	támo
em algum lugar	негде	négde
em lugar nenhum	нигде	nígde
perto de ...	код	kod
perto da janela	поред прозора	póred prózora

Para onde?	Куда?	Kúda?
aqui	овамо	óvamo
para lá	тамо	támo
daqui	одавде	ódavde
de lá, dali	оданде	ódande
perto	близу	blízu
longe	далеко	daléko
perto de …	близу, у близини	blízu, u blizíni
à mão, perto	у близини	u blízini
não fica longe	недалеко	nédaleko
esquerdo (adj)	леви	lévi
à esquerda	слева	sléva
para a esquerda	лево	lévo
direito (adj)	десни	désni
à direita	десно	désno
para a direita	десно	désno
em frente	спреда	spréda
da frente	предњи	prédnji
adiante (para a frente)	напред	nápred
atrás de …	иза	íza
de trás	отпозади	otpozádi
para trás	назад, унатраг	názad, unátrag
meio (m), metade (f)	средина (ж)	sredína
no meio	у средини	u sredíni
do lado	са стране	sa stráne
em todo lugar	свуда	svúda
por todos os lados	око	óko
de dentro	изнутра	iznútra
para algum lugar	некуда	nékuda
diretamente	право	právo
de volta	назад	názad
de algum lugar	однекуд	ódnekud
de algum lugar	однекуд	ódnekud
em primeiro lugar	прво	pŕvo
em segundo lugar	друго	drúgo
em terceiro lugar	треће	tréće
de repente	изненада	íznenada
no início	у почетку	u počétku
pela primeira vez	први пут	pŕvi put
muito antes de …	много пре …	mnógo pre …
de novo	поново	pónovo
para sempre	заувек	záuvek
nunca	никад	níkad
de novo	опет	ópet

agora	сада	sáda
frequentemente	често	čésto
então	тада	táda
urgentemente	хитно	hítno
normalmente	обично	óbično

a propósito, …	узгред, …	úzgred, …
é possível	могуће	móguće
provavelmente	вероватно	vérovatno
talvez	можда	móžda
além disso, …	осим тога …	ósim tóga …
por isso …	дакле …, због тога …	dákle …, zbog toga …
apesar de …	без обзира на …	bez óbzira na …
graças a …	захваљујући …	zahváljujući …

que (pron.)	шта	šta
que (conj.)	да	da
algo	нешто	néšto
alguma coisa	нешто	néšto
nada	ништа	níšta

quem	ко	ko
alguém (~ que …)	неко	néko
alguém (com ~)	неко	néko

ninguém	нико	níko
para lugar nenhum	никуд	níkud
de ninguém	ничији	níčiji
de alguém	нечији	néčiji

tão	тако	táko
também (gostaria ~ de …)	такође	takóđe
também (~ eu)	такође	takóđe

15. Palavras funcionais. Advérbios. Parte 2

Por quê?	Зашто?	Zášto?
por alguma razão	из неког разлога	iz nékog rázloga
porque …	јер …, зато што …	jer …, záto što …
por qualquer razão	из неког разлога	iz nékog rázloga

e (tu ~ eu)	и	i
ou (ser ~ não ser)	или	íli
mas (porém)	али	áli
para (~ a minha mãe)	за	za

muito, demais	сувише, превише	súviše, préviše
só, somente	само	sámo
exatamente	тачно	táčno
cerca de (~ 10 kg)	око	óko

aproximadamente	приближно	príbližno
aproximado (adj)	приближан	príbližan
quase	скоро	skóro

resto (m)	остало (c)	óstalo
o outro (segundo)	други	drúgi
outro (adj)	други	drúgi
cada (adj)	свак	svak
qualquer (adj)	било који	bílo kóji
muito, muitos, muitas	много	mnógo
muitas pessoas	многи	mnógi
todos	сви	svi
em troca de …	у замену за …	u zámenu za …
em troca	у замену	u zámenu
à mão	ручно	rúčno
pouco provável	тешко да, једва да	téško da, jédva da
provavelmente	вероватно	vérovatno
de propósito	намерно	námerno
por acidente	случајно	slúčajno
muito	врло	vŕlo
por exemplo	на пример	na prímer
entre	између	ízmeđu
entre (no meio de)	међу	méđu
tanto	толико	tolíko
especialmente	нарочито	náročito

Conceitos básicos. Parte 2

16. Opostos

rico (adj)	богат	bógat
pobre (adj)	сиромашан	sirómašan
doente (adj)	**болестан**	bólestan
bem (adj)	здрав	zdrav
grande (adj)	велик	vélik
pequeno (adj)	мали	máli
rapidamente	брзо	bŕzo
lentamente	споро	spóro
rápido (adj)	брз	bŕz
lento (adj)	спор	spor
alegre (adj)	весео	véseo
triste (adj)	тужан	túžan
juntos (ir ~)	заједно	zájedno
separadamente	одвојено	ódvojeno
em voz alta (ler ~)	наглас	náglas
para si (em silêncio)	у себи	u sébi
alto (adj)	висок	vísok
baixo (adj)	низак	nízak
profundo (adj)	дубок	dúbok
raso (adj)	плитак	plítak
sim	да	da
não	не	ne
distante (adj)	далек	dálek
próximo (adj)	близак	blízak
longe	далеко	daléko
à mão, perto	близу	blízu
longo (adj)	дуг, дугачак	dug, dúgačak
curto (adj)	кратак	krátak
bom (bondoso)	добар	dóbar
mal (adj)	зао	záo
casado (adj)	ожењен	óženjen

solteiro (adj)	неожењен	neóženjen
proibir (vt)	забранити (пг)	zábraniti
permitir (vt)	дозволити (нг, пг)	dozvóliti
fim (m)	крај (м)	kraj
início (m)	почетак (м)	počétak
esquerdo (adj)	леви	lévi
direito (adj)	десни	désni
primeiro (adj)	први	pŕvi
último (adj)	последњи	póslednji
crime (m)	злочин (м)	zlóčin
castigo (m)	казна (ж)	kázna
ordenar (vt)	наредити (пг)	naréditi
obedecer (vt)	подчинити се	podčíniti se
reto (adj)	прав	prav
curvo (adj)	крив	kriv
paraíso (m)	рај (м)	raj
inferno (m)	пакао (м)	pákao
nascer (vi)	родити се	róditi se
morrer (vi)	умрети (нг)	úmreti
forte (adj)	снажан	snážan
fraco, débil (adj)	слаб	slab
velho, idoso (adj)	стар	star
jovem (adj)	млад	mlad
velho (adj)	стар	star
novo (adj)	нов	nov
duro (adj)	чврст	čvŕst
macio (adj)	мек, мекан	mek, mékan
quente (adj)	топао	tópao
frio (adj)	хладан	hládan
gordo (adj)	дебео	débeo
magro (adj)	танак, мршав	tának, mŕšav
estreito (adj)	узак	úzak
largo (adj)	широк	šírok
bom (adj)	добар	dóbar
mau (adj)	лош	loš
valente, corajoso (adj)	храбар	hrábar
covarde (adj)	кукавички	kúkavički

17. Dias da semana

segunda-feira (f)	понедељак (м)	ponédeljak
terça-feira (f)	уторак (м)	útorak
quarta-feira (f)	среда (ж)	sréda
quinta-feira (f)	четвртак (м)	četvŕtak
sexta-feira (f)	петак (м)	pétak
sábado (m)	субота (ж)	súbota
domingo (m)	недеља (ж)	nédelja
hoje	данас	dánas
amanhã	сутра	sútra
depois de amanhã	прекосутра	prékosutra
ontem	јуче	júče
anteontem	прекјуче	prékjuče
dia (m)	дан (м)	dan
dia (m) de trabalho	радни дан (м)	rádni dan
feriado (m)	празничан дан (м)	prázničan dan
dia (m) de folga	слободан дан (м)	slóbodan dan
fim (m) de semana	викенд (м)	víkend
o dia todo	цео дан	céo dan
no dia seguinte	следећег дана, сутра	slédećeg dána, sútra
há dois dias	пре два дана	pre dva dána
na véspera	уочи	úoči
diário (adj)	свакодневан	svákodnevan
todos os dias	свакодневно	svákodnevno
semana (f)	недеља (ж)	nédelja
na semana passada	прошле недеље	próšle nédelje
semana que vem	следеће недеље	slédeće nédelje
semanal (adj)	недељни	nédeljni
toda semana	недељно	nédeljno
duas vezes por semana	два пута недељно	dva púta nédeljno
toda terça-feira	сваког уторка	svákog útorka

18. Horas. Dia e noite

manhã (f)	јутро (с)	jútro
de manhã	ујутру	újutru
meio-dia (m)	подне (с)	pódne
à tarde	поподне	popódne
tardinha (f)	вече (с)	véče
à tardinha	увече	úveče
noite (f)	ноћ (ж)	noć
à noite	ноћу	nóću
meia-noite (f)	поноћ (ж)	pónoć
segundo (m)	секунд (м)	sékund
minuto (m)	минут (ж)	mínut
hora (f)	сат (м)	sat

meia hora (f)	пола сата	póla sáta
quarto (m) de hora	четврт сата	čétvrt sáta
quinze minutos	петнаест минута	pétnaest minúta
vinte e quatro horas	двадесет четири сата	dvádeset čétiri sáta
nascer (m) do sol	излазак (м) сунца	ízlazak súnca
amanhecer (m)	свануће (с)	svanúće
madrugada (f)	рано јутро (с)	ráno jútro
pôr-do-sol (m)	залазак (м) сунца	zálazak súnca
de madrugada	рано ујутру	ráno újutru
esta manhã	јутрос	jútros
amanhã de manhã	сутра ујутру	sútra újutru
esta tarde	овог поподнева	óvog popódneva
à tarde	поподне	popódne
amanhã à tarde	сутра поподне	sútra popódne
esta noite, hoje à noite	вечерас	večéras
amanhã à noite	сутра увече	sútra úveče
às três horas em ponto	тачно у три сата	táčno u tri sáta
por volta das quatro	око четири сата	óko čétiri sáta
às doze	до дванаест сати	do dvánaest sáti
em vinte minutos	за двадесет минута	za dvádeset minúta
em uma hora	за сат времена	za sat vrémena
a tempo	навреме	návreme
... um quarto para	четвртина до	četvŕtina do
dentro de uma hora	за сат времена	za sat vrémena
a cada quinze minutos	сваких петнаест минута	svákih pétnaest minúta
as vinte e quatro horas	дан и ноћ	dan i noć

19. Meses. Estações

janeiro (m)	јануар (м)	jánuar
fevereiro (m)	фебруар (м)	fébruar
março (m)	март (м)	mart
abril (m)	април (м)	ápril
maio (m)	мај (м)	maj
junho (m)	јун, јуни (м)	jun, júni
julho (m)	јули (м)	júli
agosto (m)	август (м)	ávgust
setembro (m)	септембар (м)	séptembar
outubro (m)	октобар (м)	óktobar
novembro (m)	новембар (м)	nóvembar
dezembro (m)	децембар (м)	décembar
primavera (f)	пролеће (с)	próleće
na primavera	у пролеће	u próleće
primaveril (adj)	пролећни	prólećni
verão (m)	лето (с)	léto

| no verão | лети | léti |
| de verão | летни | létni |

outono (m)	јесен (ж)	jésen
no outono	у јесен	u jésen
outonal (adj)	јесењи	jésenji

inverno (m)	зима (ж)	zíma
no inverno	зими	zími
de inverno	зимски	zímski
mês (m)	месец (м)	mésec
este mês	овог месеца	óvog méseca
mês que vem	следећег месеца	slédećeg méseca
no mês passado	прошлог месеца	próšlog méseca

um mês atrás	пре месец дана	pre mésec dána
em um mês	за месец дана	za mésec dána
em dois meses	за два месеца	za dva meséca
todo o mês	цео месец	céo mésec
um mês inteiro	цео месец	céo mésec

mensal (adj)	месечни	mésečni
mensalmente	месечно	mésečno
todo mês	сваког месеца	svákog méseca
duas vezes por mês	два пута месечно	dva púta mésečno

ano (m)	година (ж)	gódina
este ano	ове године	óve gódine
ano que vem	следеће године	slédeće gódine
no ano passado	прошла година	próšla gódina
há um ano	пре годину дана	pre gódinu dána
em um ano	за годину дана	za gódinu dána
dentro de dois anos	за две године	za dve gódine
todo o ano	цела година	céla gódina
um ano inteiro	цела година	céla gódina

cada ano	сваке године	sváke gódine
anual (adj)	годишњи	gódišnji
anualmente	годишње	gódišnje
quatro vezes por ano	четири пута годишње	čétiri púta gódišnje

data (~ de hoje)	датум (м)	dátum
data (ex. ~ de nascimento)	датум (м)	dátum
calendário (m)	календар (м)	kaléndar

meio ano	пола године	póla gódine
seis meses	полугодиште (c)	polugódište
estação (f)	сезона (ж)	sezóna
século (m)	век (м)	vek

20. Tempo. Diversos

| tempo (m) | време (c) | vréme |
| momento (m) | часак, тренутак (м) | čásak, trenútak |

instante (m)	тренутак (м)	trenútak
instantâneo (adj)	тренутан	trénutan
lapso (m) de tempo	раздобље (с)	rázdoblje
vida (f)	живот (м)	žívot
eternidade (f)	вечност (ж)	véčnost
época (f)	епоха (ж)	epóha
era (f)	ера (ж)	éra
ciclo (m)	циклус (м)	cíklus
período (m)	период (м)	períod
prazo (m)	рок (м)	rok
futuro (m)	будућност (ж)	budúćnost
futuro (adj)	будући	búdući
da próxima vez	следећи пут	slédeći put
passado (m)	прошлост (ж)	próšlost
passado (adj)	прошли	próšli
na última vez	прошлог пута	próšlog púta
mais tarde	касније	kásnije
depois de ...	после	pósle
atualmente	сада	sáda
agora	сада	sáda
imediatamente	одмах	ódmah
em breve	ускоро	úskoro
de antemão	унапред	unápred
há muito tempo	одавно	ódavno
recentemente	недавно	nédavno
destino (m)	судбина (ж)	súdbina
recordações (f pl)	сећање (с)	séćanje
arquivo (m)	архив (м)	árhiv
durante ...	за време ...	za vréme ...
durante muito tempo	дуго	dúgo
pouco tempo	кратко	krátko
cedo (levantar-se ~)	рано	ráno
tarde (deitar-se ~)	касно	kásno
para sempre	заувек	záuvek
começar (vt)	почињати (нг, пг)	póčinjati
adiar (vt)	одгодити (пг)	odgóditi
ao mesmo tempo	истовремено	istóvremeno
permanentemente	стално	stálno
constante (~ ruído, etc.)	константан	konstántan
temporário (adj)	привремен	prívremen
às vezes	понекад	pónekad
raras vezes, raramente	ретко	rétko
frequentemente	често	čésto

21. Linhas e formas

quadrado (m)	квадрат (м)	kvádrat
quadrado (adj)	квадратни	kvádratni

círculo (m)	круг (м)	krug
redondo (adj)	округли	ókrugli
triângulo (m)	троугао (м)	tróugao
triangular (adj)	троугласти	tróuglasti

oval (f)	овал (м)	óval
oval (adj)	овалан	óvalan
retângulo (m)	правоугаоник (м)	pravougaónik
retangular (adj)	правоугаони	pravoúgaoni

pirâmide (f)	пирамида (ж)	piramída
losango (m)	ромб (м)	romb
trapézio (m)	трапез (м)	trápez
cubo (m)	коцка (ж)	kócka
prisma (m)	призма (ж)	prízma

circunferência (f)	кружница (ж)	krúžnica
esfera (f)	сфера (ж)	sféra
globo (m)	кугла (ж)	kúgla
diâmetro (m)	пречник (м)	préčnik
raio (m)	полупречник (м)	polupréčnik
perímetro (m)	периметар (м)	perímetar
centro (m)	центар (м)	céntar

horizontal (adj)	хоризонталан	hórizontalan
vertical (adj)	вертикалан	vértikalan
paralela (f)	паралела (ж)	paraléla
paralelo (adj)	паралелан	paralélan

linha (f)	линија (ж)	línija
traço (m)	црта (ж)	cŕta
reta (f)	права линија (ж)	práva línija
curva (f)	крива (ж)	kríva
fino (linha ~a)	танак	tának
contorno (m)	контура (ж)	kóntura

interseção (f)	пресек (м)	prések
ângulo (m) reto	прав угао (м)	prav úgao
segmento (m)	сегмент (м)	ségment
setor (m)	сектор (м)	séktor
lado (de um triângulo, etc.)	страна (ж)	strána
ângulo (m)	угао (м)	úgao

22. Unidades de medida

peso (m)	тежина (ж)	težína
comprimento (m)	дужина (ж)	dužína
largura (f)	ширина (ж)	šiŕína
altura (f)	висина (ж)	visína
profundidade (f)	дубина (ж)	dubína
volume (m)	запремина (ж)	zápremina
área (f)	површина (ж)	póvršina
grama (m)	грам (м)	gram
miligrama (m)	милиграм (м)	míligram

quilograma (m)	килограм (м)	kílogram
tonelada (f)	тона (ж)	tóna
libra (453,6 gramas)	фунта (ж)	fúnta
onça (f)	унца (ж)	únca

metro (m)	метар (м)	métar
milímetro (m)	милиметар (м)	mílimetar
centímetro (m)	сантиметар (м)	santimétar
quilômetro (m)	километар (м)	kílometar
milha (f)	миља (ж)	mílja

polegada (f)	палац (м)	pálac
pé (304,74 mm)	стопа (ж)	stópa
jarda (914,383 mm)	јард (м)	jard

metro (m) quadrado	квадратни метар (м)	kvádratni métar
hectare (m)	хектар (м)	héktar

litro (m)	литар (м)	lítar
grau (m)	степен (м)	stépen
volt (m)	волт (м)	volt
ampère (m)	ампер (м)	ámper
cavalo (m) de potência	коњска снага (ж)	kónjska snága

quantidade (f)	количина (ж)	količína
um pouco de …	мало …	málo …
metade (f)	половина (ж)	polóvina
dúzia (f)	туце (с)	túce
peça (f)	комад (м)	kómad

tamanho (m), dimensão (f)	величина (ж)	velíčina
escala (f)	размер (м)	rázmer

mínimo (adj)	минималан	mínimalan
menor, mais pequeno	најмањи	nájmanji
médio (adj)	средњи	srédnji
máximo (adj)	максималан	máksimalan
maior, mais grande	највећи	nájveći

23. Recipientes

pote (m) de vidro	тегла (ж)	tégla
lata (~ de cerveja)	лименка (ж)	límenka
balde (m)	ведро (с)	védro
barril (m)	буре (с)	búre

bacia (~ de plástico)	лавор (м)	lávor
tanque (m)	резервоар (м)	rezervóar
cantil (m) de bolso	чутурица (ж)	čúturica
galão (m) de gasolina	канта (ж) за гориво	kánta za górivo
cisterna (f)	цистерна (ж)	cistérna

caneca (f)	кригла (ж)	krígla
xícara (f)	шоља (ж)	šólja

pires (m)	тацна (ж)	tácna
copo (m)	чаша (ж)	čáša
taça (f) de vinho	чаша (ж) за вино	čáša za víno
panela (f)	шерпа (ж), лонац (м)	šerpa, lónac
garrafa (f)	боца, флаша (ж)	bóca, fláša
gargalo (m)	врат (м)	vrat
jarra (f)	бокал (м)	bókal
jarro (m)	крчаг (м)	kŕčag
recipiente (m)	суд (м)	sud
pote (m)	лонац (м)	lónac
vaso (m)	ваза (ж)	váza
frasco (~ de perfume)	боца (ж)	bóca
frasquinho (m)	бочица (ж)	bóčica
tubo (m)	туба (ж)	túba
saco (ex. ~ de açúcar)	џак (м)	džak
sacola (~ plastica)	кеса (ж)	késa
maço (de cigarros, etc.)	паковање (с)	pákovanje
caixa (~ de sapatos, etc.)	кутија (ж)	kútija
caixote (~ de madeira)	сандук (м)	sánduk
cesto (m)	корпа (ж)	kórpa

24. Materiais

material (m)	материјал (м)	materíjal
madeira (f)	дрво (с)	dŕvo
de madeira	дрвен	dŕven
vidro (m)	стакло (с)	stáklo
de vidro	стаклен	stáklen
pedra (f)	камен (м)	kámen
de pedra	камени	kámeni
plástico (m)	пластика (ж)	plástika
plástico (adj)	пластичан	plástičan
borracha (f)	гума (ж)	gúma
de borracha	гумен	gúmen
tecido, pano (m)	тканина (ж)	tkánina
de tecido	од тканине	od tkaníne
papel (m)	папир (м)	pápir
de papel	папирни	pápirni
papelão (m)	картон (м)	kárton
de papelão	картонски	kártonski
polietileno (m)	полиетилен (м)	poliétilen
celofane (m)	целофан (м)	celófan

linóleo (m)	линолеум (м)	linoléum
madeira (f) compensada	шперплоча (ж)	špérploča
porcelana (f)	порцелан (м)	porcélan
de porcelana	порцелански	porcélanski
argila (f), barro (m)	глина (ж)	glína
de barro	глинени	glíneni
cerâmica (f)	керамика (ж)	kerámika
de cerâmica	керамички	kerámički

25. Metais

metal (m)	метал (м)	métal
metálico (adj)	металан	métalan
liga (f)	легура (ж)	legúra
ouro (m)	злато (с)	zláto
de ouro	златан	zlátan
prata (f)	сребро (с)	srébro
de prata	сребрен	srébren
ferro (m)	гвожђе (с)	gvóžđe
de ferro	гвозден	gvózden
aço (m)	челик (м)	čélik
de aço (adj)	челични	čélični
cobre (m)	бакар (м)	bákar
de cobre	бакарни, бакрени	bákarni, bákreni
alumínio (m)	алуминијум (м)	alumínijum
de alumínio	алуминијумски	alumínijumski
bronze (m)	бронза (ж)	brónza
de bronze	бронзан	brónzan
latão (m)	месинг (м), мјед (ж)	mésing, mjed
níquel (m)	никл (м)	nikl
platina (f)	платина (ж)	plátina
mercúrio (m)	жива (ж)	žíva
estanho (m)	калај (м)	kálaj
chumbo (m)	олово (с)	ólovo
zinco (m)	цинк (м)	cink

O SER HUMANO

O ser humano. O corpo

26. Humanos. Conceitos básicos

ser (m) humano	човек (м)	čóvek
homem (m)	мушкарац (м)	muškárac
mulher (f)	жена (ж)	žéna
criança (f)	дете (с)	déte
menina (f)	девојчица (ж)	devójčica
menino (m)	дечак (м)	déčak
adolescente (m)	тинејџер (м)	tinéjdžer
velho (m)	старац (м)	stárac
velha (f)	старица (ж)	stárica

27. Anatomia humana

organismo (m)	организам (м)	organízam
coração (m)	срце (с)	sŕce
sangue (m)	крв (ж)	kŕv
artéria (f)	артерија (ж)	árterija
veia (f)	вена (ж)	véna
cérebro (m)	мозак (м)	mózak
nervo (m)	живац (м)	žívac
nervos (m pl)	живци (мн)	žívci
vértebra (f)	кичмени пршљен (м)	kíčmeni pŕšljen
coluna (f) vertebral	кичма (ж)	kíčma
estômago (m)	желудац (м)	žéludac
intestinos (m pl)	црева (мн)	créva
intestino (m)	црево (с)	crévo
fígado (m)	јетра (ж)	jétra
rim (m)	бубрег (м)	búbreg
osso (m)	кост (ж)	kost
esqueleto (m)	костур (м)	kóstur
costela (f)	ребро (с)	rébro
crânio (m)	лобања (ж)	lóbanja
músculo (m)	мишић (м)	míšić
bíceps (m)	бицепс (м)	bíceps
tríceps (m)	трицепс (м)	tríceps
tendão (m)	тетива (ж)	tetíva
articulação (f)	зглоб (м)	zglob

pulmões (m pl)	плућа (мн)	plúća
órgãos (m pl) genitais	полни органи (мн)	pólni orgáni
pele (f)	кожа (ж)	kóža

28. Cabeça

cabeça (f)	глава (ж)	gláva
rosto, cara (f)	лице (с)	líce
nariz (m)	нос (м)	nos
boca (f)	уста (мн)	ústa

olho (m)	око (с)	óko
olhos (m pl)	очи (мн)	óči
pupila (f)	зеница (ж)	zénica
sobrancelha (f)	обрва (ж)	óbrva
cílio (f)	трепавица (ж)	trépavica
pálpebra (f)	капак (м), веђа (ж)	kápak, véđa

língua (f)	језик (м)	jézik
dente (m)	зуб (м)	zub
lábios (m pl)	усне (мн)	úsne
maçãs (f pl) do rosto	јагодице (мн)	jágodice
gengiva (f)	десни (мн)	désni
palato (m)	непце (с)	népce

narinas (f pl)	ноздрве (мн)	nózdrve
queixo (m)	брада (ж)	bráda
mandíbula (f)	вилица (ж)	vílica
bochecha (f)	образ (м)	óbraz

testa (f)	чело (с)	čélo
têmpora (f)	слепоочница (ж)	slepoóčnica
orelha (f)	ухо (с)	úho
costas (f pl) da cabeça	потиљак (м)	pótiljak
pescoço (m)	врат (м)	vrat
garganta (f)	грло (с)	gŕlo

cabelo (m)	коса (ж)	kósa
penteado (m)	фризура (ж)	frizúra
corte (m) de cabelo	фризура (ж)	frizúra
peruca (f)	перика (ж)	périka

bigode (m)	бркови (мн)	bŕkovi
barba (f)	брада (ж)	bráda
ter (~ barba, etc.)	носити (пг)	nósiti
trança (f)	плетеница (ж)	pleténica
suíças (f pl)	зулуфи (мн)	zulúfi

ruivo (adj)	риђ	riđ
grisalho (adj)	сед	sed
careca (adj)	ћелав	ćélav
calva (f)	ћела (ж)	ćéla
rabo-de-cavalo (m)	реп (м)	rep
franja (f)	шишке (мн)	šíške

29. Corpo humano

mão (f)	шака (ж)	šáka
braço (m)	рука (ж)	rúka
dedo (m)	прст (м)	pŕst
dedo (m) do pé	ножни прст (м)	nóžni pŕst
polegar (m)	палац (м)	pálac
dedo (m) mindinho	мали прст (м)	máli pŕst
unha (f)	нокат (м)	nókat
punho (m)	песница (ж)	pésnica
palma (f)	длан (м)	dlan
pulso (m)	зглоб (м), запешће (с)	zglob, zápešće
antebraço (m)	подлактица (ж)	pódlaktica
cotovelo (m)	лакат (м)	lákat
ombro (m)	раме (с)	ráme
perna (f)	нога (ж)	nóga
pé (m)	стопало (с)	stópalo
joelho (m)	колено (с)	kóleno
panturrilha (f)	лист (м)	list
quadril (m)	кук (м)	kuk
calcanhar (m)	пета (ж)	péta
corpo (m)	тело (с)	télo
barriga (f), ventre (m)	трбух (м)	tŕbuh
peito (m)	прса (мн)	pŕsa
seio (m)	груди (мн)	grúdi
lado (m)	бок (м)	bok
costas (dorso)	леђа (мн)	léđa
região (f) lombar	крста (ж)	kŕsta
cintura (f)	струк (м)	struk
umbigo (m)	пупак (м)	púpak
nádegas (f pl)	стражњица (ж)	strážnjica
traseiro (m)	задњица (ж)	zádnjica
sinal (m), pinta (f)	младеж (м)	mládež
sinal (m) de nascença	белег, младеж (м)	béleg, mládež
tatuagem (f)	тетоважа (ж)	tetováža
cicatriz (f)	ожиљак (м)	óžiljak

Vestuário & Acessórios

30. Roupa exterior. Casacos

roupa (f)	одећа (ж)	ódeća
roupa (f) exterior	горња одећа (ж)	górnja ódeća
roupa (f) de inverno	зимска одећа (ж)	zímska ódeća
sobretudo (m)	капут (м)	káput
casaco (m) de pele	бунда (ж)	búnda
jaqueta (f) de pele	кратка бунда (ж)	krátka búnda
casaco (m) acolchoado	перјана јакна (ж)	pérjana jákna
casaco (m), jaqueta (f)	јакна (ж)	jákna
impermeável (m)	кишни мантил (м)	kíšni mántil
a prova d'água	водоотпоран	vodoótporan

31. Vestuário de homem & mulher

camisa (f)	кошуља (ж)	kóšulja
calça (f)	панталоне (мн)	pantalóne
jeans (m)	фармерке (мн)	fármerke
paletó, terno (m)	сако (м)	sáko
terno (m)	одело (с)	odélo
vestido (ex. ~ de noiva)	хаљина (ж)	háljina
saia (f)	сукња (ж)	súknja
blusa (f)	блуза (ж)	blúza
casaco (m) de malha	џемпер (м)	džémper
casaco, blazer (m)	жакет (м)	žáket
camiseta (f)	мајица (ж)	májica
short (m)	шорц, шортс (м)	šorc, šorts
training (m)	спортски костим (м)	spórtski kóstim
roupão (m) de banho	баде мантил (м)	báde mántil
pijama (m)	пиџама (ж)	pidžáma
suéter (m)	џемпер (м)	džémper
pulôver (m)	пуловер (м)	pulóver
colete (m)	прслук (м)	pŕsluk
fraque (m)	фрак (м)	frak
smoking (m)	смокинг (м)	smóking
uniforme (m)	униформа (ж)	úniforma
roupa (f) de trabalho	радна одећа (ж)	rádna ódeća
macacão (m)	комбинезон (м)	kombinézon
jaleco (m), bata (f)	мантил (м)	mántil

32. Vestuário. Roupa interior

roupa (f) íntima	доње рубље (c)	dónje rúblje
cueca boxer (f)	мушке гаће (мн)	múške gáće
calcinha (f)	гаћице (мн)	gáćice
camiseta (f)	мајица (ж)	májica
meias (f pl)	чарапе (мн)	čárape
camisola (f)	спаваћица (ж)	spavaćica
sutiã (m)	грудњак (м)	grúdnjak
meias longas (f pl)	доколенице (мн)	dokolénice
meias-calças (f pl)	хулахопке (мн)	húlahopke
meias (~ de nylon)	чарапе (мн)	čárape
maiô (m)	купаћи костим (м)	kúpaći kóstim

33. Adereços de cabeça

chapéu (m), touca (f)	капа (ж)	kápa
chapéu (m) de feltro	шешир (м)	šéšir
boné (m) de beisebol	бејзбол качкет (м)	béjzbol káčket
boina (~ italiana)	енглеска капа (ж), качкет (м)	éngleska kápa, káčket
boina (ex. ~ basca)	берета, беретка (ж)	beréta, beretka
capuz (m)	капуљача (ж)	kapúljača
chapéu panamá (m)	панама-шешир (м)	panáma-šéšir
touca (f)	плетена капа (ж)	plétena kápa
lenço (m)	марама (ж)	márama
chapéu (m) feminino	женски шешир (м)	žénski šéšir
capacete (m) de proteção	кацига (ж), шлем (м)	káciga, šlem
bibico (m)	титовка (ж)	títovka
capacete (m)	шлем (м)	šlem
chapéu-coco (m)	полуцилиндар (м)	pólucilindar
cartola (f)	цилиндар (м)	cilíndar

34. Calçado

calçado (m)	обућа (ж)	óbuća
botinas (f pl), sapatos (m pl)	ципеле (мн)	cípele
sapatos (de salto alto, etc.)	ципеле (мн)	cípele
botas (f pl)	чизме (мн)	čízme
pantufas (f pl)	папуче (мн)	pápuče
tênis (~ Nike, etc.)	патике (мн)	pátike
tênis (~ Converse)	патике (мн)	pátike
sandálias (f pl)	сандале (мн)	sandále
sapateiro (m)	обућар (м)	óbućar
salto (m)	потпетица (ж)	pótpetica

par (m)	пар (м)	par
cadarço (m)	пертла (ж)	pértla
amarrar os cadarços	шнирати (пг)	šnírati
calçadeira (f)	кашика (ж) за ципеле	kášika za cípele
graxa (f) para calçado	крема (ж) за обућу	kréma za óbuću

35. Têxtil. Tecidos

algodão (m)	памук (м)	pámuk
de algodão	памучан	pámučan
linho (m)	лан (м)	lan
de linho	од лана	od lána
seda (f)	свила (ж)	svíla
de seda	свилен	svílen
lã (f)	вуна (ж)	vúna
de lã	вунен	vúnen
veludo (m)	плиш, сомот (м)	pliš, sómot
camurça (f)	антилоп (м)	ántilop
veludo (m) cotelê	сомот (м)	sómot
nylon (m)	најлон (м)	nájlon
de nylon	од најлона	od nájlona
poliéster (m)	полиестер (м)	poliéster
de poliéster	од полиестра	od poliéstra
couro (m)	кожа (ж)	kóža
de couro	од коже	od kóže
pele (f)	крзно (с)	kŕzno
de pele	крзнени	kŕzneni

36. Acessórios pessoais

luva (f)	рукавице (мн)	rukávice
mitenes (f pl)	рукавице (мн) с једним прстом	rukávice s jednim prstom
cachecol (m)	шал (м)	šal
óculos (m pl)	наочаре (мн)	náočare
armação (f)	оквир (м)	ókvir
guarda-chuva (m)	кишобран (м)	kíšobran
bengala (f)	штап (м)	štap
escova (f) para o cabelo	четка (ж) за косу	čétka za kósu
leque (m)	лепеза (ж)	lepéza
gravata (f)	кравата (ж)	kraváta
gravata-borboleta (f)	лептир машна (ж)	léptir mášna
suspensórios (m pl)	трегери (мн)	trégeri
lenço (m)	џепна марамица (ж)	džépna máramica
pente (m)	чешаљ (м)	čéšalj
fivela (f) para cabelo	шнала (ж)	šnála

grampo (m)	укосница (ж)	úkosnica
fivela (f)	копча (ж)	kópča
cinto (m)	каиш (м)	káiš
alça (f) de ombro	каиш (м)	káiš
bolsa (f)	торба (ж)	tórba
bolsa (feminina)	ташна (ж)	tášna
mochila (f)	ранац (м)	ránac

37. Vestuário. Diversos

moda (f)	мода (ж)	móda
na moda (adj)	модеран	móderan
estilista (m)	модни креатор (м)	módni kreátor
colarinho (m)	овратник (м)	óvratnik
bolso (m)	џеп (м)	džep
de bolso	џепни	džépni
manga (f)	рукав (м)	rúkav
ganchinho (m)	вешалица (ж)	véšalica
bragueta (f)	шлиц (м)	šlic
zíper (m)	рајсфершлус (м)	rájsferšlus
colchete (m)	копча (ж)	kópča
botão (m)	дугме (с)	dúgme
botoeira (casa de botão)	рупица (ж)	rúpica
soltar-se (vr)	откинути се	ótkinuti se
costurar (vi)	шити (нг, пг)	šíti
bordar (vt)	вести (нг, пг)	vésti
bordado (m)	вез (м)	vez
agulha (f)	игла (ж)	ígla
fio, linha (f)	конац (м)	kónac
costura (f)	шав (м)	šav
sujar-se (vr)	испрљати се	ispŕljati se
mancha (f)	мрља (ж)	mŕlja
amarrotar-se (vr)	изгужвати се	izgúžvati se
rasgar (vt)	цепати (пг)	cépati
traça (f)	мољац (м)	móljac

38. Cuidados pessoais. Cosméticos

pasta (f) de dente	паста (ж) за зубе	pásta za zúbe
escova (f) de dente	четкица (ж) за зубе	čétkica za zúbe
escovar os dentes	прати зубе	práti zúbe
gilete (f)	бријач (м)	bríjač
creme (m) de barbear	крема (ж) за бријање	kréma za bríjanje
barbear-se (vr)	бријати се	bríjati se
sabonete (m)	сапун (м)	sápun

xampu (m)	шампон (м)	šámpon
tesoura (f)	маказе (мн)	mákaze
lixa (f) de unhas	турпија (ж) за нокте	túrpija za nokte
corta-unhas (m)	грицкалица (ж) за нокте	gríckalica za nókte
pinça (f)	пинцета (ж)	pincéta
cosméticos (m pl)	козметика (ж)	kozmétika
máscara (f)	маска (ж)	máska
manicure (f)	маникир (м)	mánikir
fazer as unhas	радити маникир	ráditi mánikir
pedicure (f)	педикир (м)	pédikir
bolsa (f) de maquiagem	козметичка торбица (ж)	kozmétička tórbica
pó (de arroz)	пудер (м)	púder
pó (m) compacto	пудријера (ж)	pudrijéra
blush (m)	руменило (с)	ruménilo
perfume (m)	парфем (м)	párfem
água-de-colônia (f)	тоалетна вода (ж)	tóaletna vóda
loção (f)	лосион (м)	lósion
colônia (f)	колоњска вода (ж)	kólonjska vóda
sombra (f) de olhos	сенка (ж) за очи	sénka za óči
delineador (m)	оловка (ж) за очи	ólovka za óči
máscara (f), rímel (m)	маскара (ж)	máskara
batom (m)	кармин (м)	kármin
esmalte (m)	лак (м) за нокте	lak za nókte
laquê (m), spray fixador (m)	лак (м) за косу	lak za kósu
desodorante (m)	дезодоранс (м)	dezodórans
creme (m)	крема (ж)	kréma
creme (m) de rosto	крема (ж) за лице	kréma za líce
creme (m) de mãos	крема (ж) за руке	kréma za rúke
creme (m) antirrugas	крема (ж) против бора	kréma prótiv bóra
creme (m) de dia	дневна крема (ж)	dnévna kréma
creme (m) de noite	ноћна крема (ж)	nóćna kréma
de dia	дневни	dnévni
da noite	ноћни	nóćni
absorvente (m) interno	тампон (м)	támpon
papel (m) higiênico	тоалет-папир (м)	toálet-pápir
secador (m) de cabelo	фен (м)	fen

39. Joalheria

joias (f pl)	накит (м)	nákit
precioso (adj)	драгоцен	dragócen
marca (f) de contraste	жиг (м)	žig
anel (m)	прстен (м)	pŕsten
aliança (f)	бурма (ж)	búrma
pulseira (f)	наруквица (ж)	nárukvica
brincos (m pl)	минђуше (мн)	mínđuše

colar (m)	огрлица (ж)	ógrlica
coroa (f)	круна (ж)	krúna
colar (m) de contas	огрлица (ж) од перли	ógrlica od pérli

diamante (m)	дијамант (м)	dijámant
esmeralda (f)	смарагд (м)	smáragd
rubi (m)	рубин (м)	rúbin
safira (f)	сафир (м)	sáfir
pérola (f)	бисер (м)	bíser
âmbar (m)	ћилибар (м)	ćilíbar

40. Relógios de pulso. Relógios

relógio (m) de pulso	сат (м)	sat
mostrador (m)	бројчаник (м)	brojčánik
ponteiro (m)	казаљка (ж)	kázaljka
bracelete (em aço)	наруквица (ж)	nárukvica
bracelete (em couro)	каиш (м) за сат	káiš za sat

pilha (f)	батерија (ж)	báterija
acabar (vi)	испразнити се	isprázniti se
trocar a pilha	заменити батерију	zaméniti batériju
estar adiantado	журити (нг)	žúriti
estar atrasado	заостајати (нг)	zaóstajati

relógio (m) de parede	зидни сат (м)	zídni sat
ampulheta (f)	пешчани сат (м)	péščani sat
relógio (m) de sol	сунчани сат (м)	súnčani sat
despertador (m)	будилник (м)	búdilnik
relojoeiro (m)	часовничар (м)	čásovničar
reparar (vt)	поправљати (нг)	pópravljati

Alimentação. Nutrição

41. Comida

Português	Српски	Transkripcija
carne (f)	месо (с)	méso
galinha (f)	пилетина, кокош (ж)	píletina, kokoš
frango (m)	пиле (с)	píle
pato (m)	патка (ж)	pátka
ganso (m)	гуска (ж)	gúska
caça (f)	дивљач (ж)	dívljač
peru (m)	ћуретина (ж)	ćurétina
carne (f) de porco	свињетина (ж)	svínjetina
carne (f) de vitela	телетина (ж)	téletina
carne (f) de carneiro	јагњетина (ж)	jágnjetina
carne (f) de vaca	говедина (ж)	góvedina
carne (f) de coelho	зец (м)	zec
linguiça (f), salsichão (m)	кобасица (ж)	kobásica
salsicha (f)	виршла (ж)	víršla
bacon (m)	сланина (ж)	slánina
presunto (m)	шунка (ж)	šúnka
pernil (m) de porco	шунка (ж)	šúnka
patê (m)	паштета (ж)	paštéta
fígado (m)	џигерица (ж)	džígerica
guisado (m)	млевено месо (с)	mléveno méso
língua (f)	језик (м)	jézik
ovo (m)	јаје (с)	jáje
ovos (m pl)	јаја (мн)	jája
clara (f) de ovo	беланце (с)	belánce
gema (f) de ovo	жуманце (с)	žumánce
peixe (m)	риба (ж)	ríba
mariscos (m pl)	морски плодови (мн)	mórski plódovi
crustáceos (m pl)	ракови (мн)	rákovi
caviar (m)	кавијар (м)	kávijar
caranguejo (m)	краба (ж)	krába
camarão (m)	шкамп (м)	škamp
ostra (f)	острига (ж)	óstriga
lagosta (f)	јастог (м)	jástog
polvo (m)	хоботница (ж)	hóbotnica
lula (f)	лигња (ж)	lígnja
esturjão (m)	јесетра (ж)	jésetra
salmão (m)	лосос (м)	lósos
halibute (m)	пацифички лист (м)	pacífički list
bacalhau (m)	бакалар (м)	bakálar

cavala, sarda (f)	скуша (ж)	skúša
atum (m)	туњевина (ж)	túnjevina
enguia (f)	јегуља (ж)	jégulja

truta (f)	пастрмка (ж)	pástrmka
sardinha (f)	сардина (ж)	sardína
lúcio (m)	штука (ж)	štúka
arenque (m)	харинга (ж)	háringa

pão (m)	хлеб (м)	hleb
queijo (m)	сир (м)	sir
açúcar (m)	шећер (м)	šéćer
sal (m)	со (ж)	so

arroz (m)	пиринач (м)	pírinač
massas (f pl)	макарони (мн)	mákaroni
talharim, miojo (m)	резанци (мн)	rezánci

manteiga (f)	маслац (м)	máslac
óleo (m) vegetal	зејтин (м)	zéjtin
óleo (m) de girassol	сунцокретово уље (с)	súncokretovo úlje
margarina (f)	маргарин (м)	margárin

| azeitonas (f pl) | маслине (мн) | másline |
| azeite (m) | маслиново уље (с) | máslinovo úlje |

leite (m)	млеко (с)	mléko
leite (m) condensado	кондензовано млеко (с)	kondenzóvano mléko
iogurte (m)	јогурт (м)	jógurt
creme (m) azedo	кисела павлака (ж)	kísela pávlaka
creme (m) de leite	павлака (ж)	pávlaka

| maionese (f) | мајонез (м), мајонеза (ж) | majonéz, majonéza |
| creme (m) | крем (м) | krem |

grãos (m pl) de cereais	житарице (мн)	žitárice
farinha (f)	брашно (с)	brášno
enlatados (m pl)	конзерве (мн)	konzérve

flocos (m pl) de milho	кукурузне пахуљице (мн)	kukúruzne pahúljice
mel (m)	мед (м)	med
geleia (m)	џем (м), мармелада (ж)	džem, marmeláda
chiclete (m)	гума (ж) за жвакање	gúma za žvákanje

42. Bebidas

água (f)	вода (ж)	vóda
água (f) potável	питка вода (ж)	pítka vóda
água (f) mineral	кисела вода (ж)	kísela vóda

sem gás (adj)	негазиран	negazíran
gaseificada (adj)	gaziran	gazíran
com gás	газиран	gazíran
gelo (m)	лед (м)	led

com gelo	са ледом	sa lédom
não alcoólico (adj)	безалкохолан	bézalkoholan
refrigerante (m)	безалкохолно пиће (c)	bézalkoholno píće
refresco (m)	освежавајући напитак (м)	osvežávajući nápitak
limonada (f)	лимунада (ж)	limunáda
bebidas (f pl) alcoólicas	алкохолна пића (мн)	álkoholna píća
vinho (m)	вино (c)	víno
vinho (m) branco	бело вино (c)	bélo víno
vinho (m) tinto	црно вино (c)	cŕno víno
licor (m)	ликер (м)	líker
champanhe (m)	шампањац (м)	šampánjac
vermute (m)	вермут (м)	vérmut
uísque (m)	виски (м)	víski
vodca (f)	вотка (ж)	vótka
gim (m)	џин (м)	džin
conhaque (m)	коњак (м)	kónjak
rum (m)	рум (м)	rum
café (m)	кафа (ж)	káfa
café (m) preto	црна кафа (ж)	cŕna káfa
café (m) com leite	кафа (ж) са млеком	káfa sa mlékom
cappuccino (m)	капучино (м)	kapučíno
café (m) solúvel	инстант кафа (ж)	ínstant káfa
leite (m)	млеко (c)	mléko
coquetel (m)	коктел (м)	kóktel
batida (f), milkshake (m)	милкшејк (м)	mílkšejk
suco (m)	сок (м)	sok
suco (m) de tomate	сок (м) од парадајза	sok od parádajza
suco (m) de laranja	сок (м) од наранџе	sok od nárandže
suco (m) fresco	свеже цеђени сок (м)	svéže céđeni sok
cerveja (f)	пиво (c)	pívo
cerveja (f) clara	светло пиво (c)	svétlo pívo
cerveja (f) preta	тамно пиво (c)	támno pívo
chá (m)	чај (м)	čaj
chá (m) preto	црни чај (м)	cŕni čaj
chá (m) verde	зелени чај (м)	zéleni čaj

43. Vegetais

vegetais (m pl)	поврће (c)	póvrće
verdura (f)	зелен (ж)	zélen
tomate (m)	парадајз (м)	parádajz
pepino (m)	краставац (м)	krástavac
cenoura (f)	шаргарепа (ж)	šargarépa
batata (f)	кромпир (м)	krómpir
cebola (f)	црни лук (м)	cŕni luk

alho (m)	бели лук (м)	béli luk
couve (f)	купус (м)	kúpus
couve-flor (f)	карфиол (м)	karfíol
couve-de-bruxelas (f)	прокељ (м)	prókelj
brócolis (m pl)	брокуле (мн)	brókule
beterraba (f)	цвекла (ж)	cvékla
berinjela (f)	патлиџан (м)	patlidžán
abobrinha (f)	тиквица (ж)	tíkvica
abóbora (f)	тиква (ж)	tíkva
nabo (m)	репа (ж)	répa
salsa (f)	першун (м)	péršun
endro, aneto (m)	мирођија (ж)	miróđija
alface (f)	зелена салата (ж)	zélena saláta
aipo (m)	целер (м)	céler
aspargo (m)	шпаргла (ж)	špárgla
espinafre (m)	спанаћ (м)	spánać
ervilha (f)	грашак (м)	grášak
feijão (~ soja, etc.)	махунарке (мн)	mahúnarke
milho (m)	кукуруз (м)	kukúruz
feijão (m) roxo	пасуљ (м)	pásulj
pimentão (m)	паприка (ж)	páprika
rabanete (m)	ротквица (ж)	rótkvica
alcachofra (f)	артичока (ж)	artičóka

44. Frutos. Nozes

fruta (f)	воће (с)	vóće
maçã (f)	јабука (ж)	jábuka
pera (f)	крушка (ж)	krúška
limão (m)	лимун (м)	límun
laranja (f)	наранџа (ж)	nárandža
morango (m)	јагода (ж)	jágoda
tangerina (f)	мандарина (ж)	mandarína
ameixa (f)	шљива (ж)	šljíva
pêssego (m)	бресква (ж)	bréskva
damasco (m)	кајсија (ж)	kájsija
framboesa (f)	малина (ж)	málina
abacaxi (m)	ананас (м)	ánanas
banana (f)	банана (ж)	banána
melancia (f)	лубеница (ж)	lubénica
uva (f)	грожђе (с)	gróžđe
ginja (f)	вишња (ж)	víšnja
cereja (f)	трешња (ж)	tréšnja
melão (m)	диња (ж)	dínja
toranja (f)	грејпфрут (м)	gréjpfrut
abacate (m)	авокадо (м)	avokádo
mamão (m)	папаја (ж)	papája

manga (f)	манго (м)	mángo
romã (f)	нар (м)	nar

groselha (f) vermelha	црвена рибизла (ж)	crvéna ríbizla
groselha (f) negra	црна рибизла (ж)	cŕna ríbizla
groselha (f) espinhosa	огрозд (м)	ógrozd
mirtilo (m)	боровница (ж)	boróvnica
amora (f) silvestre	купина (ж)	kupína

passa (f)	суво грожђе (с)	súvo gróžđe
figo (m)	смоква (ж)	smókva
tâmara (f)	урма (ж)	úrma

amendoim (m)	кикирики (м)	kikiríki
amêndoa (f)	бадем (м)	bádem
noz (f)	орах (м)	órah
avelã (f)	лешник (м)	léšnik
coco (m)	кокосов орах (м)	kókosov órah
pistaches (m pl)	пистаћи (мн)	pistáći

45. Pão. Bolaria

pastelaria (f)	посластице (мн)	póslastice
pão (m)	хлеб (м)	hleb
biscoito (m), bolacha (f)	колачић (м)	koláčić

chocolate (m)	чоколада (ж)	čokoláda
de chocolate	чоколадни	čókoladni
bala (f)	бомбона (ж)	bombóna
doce (bolo pequeno)	колач (м)	kólač
bolo (m) de aniversário	торта (ж)	tórta

torta (f)	пита (ж)	píta
recheio (m)	надев (м)	nádev

geleia (m)	слатко (с)	slátko
marmelada (f)	мармелада (ж)	marmeláda
wafers (m pl)	облатне (мн)	óblatne
sorvete (m)	сладолед (м)	sládoled
pudim (m)	пудинг (м)	púding

46. Pratos cozinhados

prato (m)	јело (с)	jélo
cozinha (~ portuguesa)	кухиња (ж)	kúhinja
receita (f)	рецепт (м)	récept
porção (f)	порција (ж)	pórcija

salada (f)	салата (ж)	saláta
sopa (f)	супа (ж)	súpa
caldo (m)	буљон (м)	búljon
sanduíche (m)	сендвич (м)	séndvič

ovos (m pl) fritos	пржена јаја (мн)	pŕžena jája
hambúrguer (m)	хамбургер (м)	hámburger
bife (m)	бифтек (м)	bíftek
acompanhamento (m)	прилог (м)	prílog
espaguete (m)	шпагете (мн)	špagéte
purê (m) de batata	кромпир пире (м)	krómpir píre
pizza (f)	пица (ж)	píca
mingau (m)	каша (ж)	káša
omelete (f)	омлет (м)	ómlet
fervido (adj)	кувани	kúvani
defumado (adj)	димљени	dímljeni
frito (adj)	пржени	pŕženi
seco (adj)	сув	suv
congelado (adj)	замрзнут	zámrznut
em conserva (adj)	маринирани	marinírani
doce (adj)	сладак	sládak
salgado (adj)	слан	slan
frio (adj)	хладан	hládan
quente (adj)	врућ	vruć
amargo (adj)	горак	górak
gostoso (adj)	укусан	úkusan
cozinhar em água fervente	барити (пг)	báriti
preparar (vt)	кувати (пг)	kúvati
fritar (vt)	пржити (пг)	pŕžiti
aquecer (vt)	подгревати (пг)	podgrévati
salgar (vt)	солити (пг)	sóliti
apimentar (vt)	биберити (пг)	bíberiti
ralar (vt)	рендати (пг)	réndati
casca (f)	кора (ж)	kóra
descascar (vt)	љуштити (пг)	ljúštiti

47. Especiarias

sal (m)	со (ж)	so
salgado (adj)	слан	slan
salgar (vt)	солити (пг)	sóliti
pimenta-do-reino (f)	црни бибер (м)	cŕni bíber
pimenta (f) vermelha	црвени бибер (м)	cŕveni bíber
mostarda (f)	сенф (м)	senf
raiz-forte (f)	рен, хрен (м)	ren, hren
condimento (m)	зачин (м)	záčin
especiaria (f)	зачин (м)	záčin
molho (~ inglês)	сос (м)	sos
vinagre (m)	сирће (с)	sírće
anis estrelado (m)	анис (м)	ánis
manjericão (m)	босиљак (м)	bósiljak

cravo (m)	каранфил (м)	karánfil
gengibre (m)	ђумбир (м)	đúmbir
coentro (m)	коријандер (м)	korijánder
canela (f)	цимет (м)	címet

gergelim (m)	сусам (м)	súsam
folha (f) de louro	ловор (м)	lóvor
páprica (f)	паприка (ж)	páprika
cominho (m)	ким (м)	kim
açafrão (m)	шафран (м)	šáfran

48. Refeições

| comida (f) | храна (ж) | hrána |
| comer (vt) | јести (нг, пг) | jésti |

café (m) da manhã	доручак (м)	dóručak
tomar café da manhã	доручковати (нг)	dóručkovati
almoço (m)	ручак (м)	rúčak
almoçar (vi)	ручати (нг)	rúčati
jantar (m)	вечера (ж)	véčera
jantar (vi)	вечерати (нг)	véčerati

| apetite (m) | апетит (м) | apétit |
| Bom apetite! | Пријатно! | Príjatno! |

abrir (~ uma lata, etc.)	отварати (пг)	otvárati
derramar (~ líquido)	пролити (пг)	próliti
derramar-se (vr)	пролити се	próliti se

ferver (vi)	кључати (нг)	kljúčati
ferver (vt)	кључати (пг)	kljúčati
fervido (adj)	кувани	kúvani

| esfriar (vt) | охладити (пг) | ohláditi |
| esfriar-se (vr) | охлађивати се | ohlađívati se |

| sabor, gosto (m) | укус (м) | úkus |
| fim (m) de boca | укус (м) | úkus |

emagrecer (vi)	смршати (нг)	smŕšati
dieta (f)	дијета (ж)	dijéta
vitamina (f)	витамин (м)	vitámin
caloria (f)	калорија (ж)	kalórija

| vegetariano (m) | вегетаријанац (м) | vegetarijánac |
| vegetariano (adj) | вегетаријански | vegetaríjanski |

gorduras (f pl)	масти (мн)	másti
proteínas (f pl)	беланчевине (мн)	belánčevine
carboidratos (m pl)	угљени хидрати (мн)	úgljeni hidráti
fatia (~ de limão, etc.)	парче (с)	párče
pedaço (~ de bolo)	комад (м)	kómad
migalha (f), farelo (m)	мрва (ж)	mŕva

49. Por a mesa

colher (f)	кашика (ж)	kášika
faca (f)	нож (м)	nož
garfo (m)	виљушка (ж)	víljuška
xícara (f)	шоља (ж)	šólja
prato (m)	тањир (м)	tánjir
pires (m)	тацна (ж)	tácna
guardanapo (m)	салвета (ж)	salvéta
palito (m)	чачкалица (ж)	čáčkalica

50. Restaurante

restaurante (m)	ресторан (м)	restóran
cafeteria (f)	кафић (м), кафана (ж)	káfić, kafána
bar (m), cervejaria (f)	бар (м)	bar
salão (m) de chá	чајџиница (ж)	čájdžinica
garçom (m)	конобар (м)	kónobar
garçonete (f)	конобарица (ж)	konobárica
barman (m)	бармен (м)	bármen
cardápio (m)	јеловник (м)	jélovnik
lista (f) de vinhos	винска карта (ж)	vínska kárta
reservar uma mesa	резервисати сто	rezervísati sto
prato (m)	јело (с)	jélo
pedir (vt)	наручити (пр)	narúčiti
fazer o pedido	наручити	narúčiti
aperitivo (m)	аперитив (м)	áperitiv
entrada (f)	предјело (с)	prédjelo
sobremesa (f)	десерт (м)	désert
conta (f)	рачун (м)	ráčun
pagar a conta	платити рачун	plátiti ráčun
dar o troco	вратити кусур	vrátiti kúsur
gorjeta (f)	бакшиш (м)	bákšiš

Família, parentes e amigos

51. Informação pessoal. Formulários

nome (m)	име (c)	íme
sobrenome (m)	презиме (c)	prézime
data (f) de nascimento	датум (м) рођења	dátum rođénja
local (m) de nascimento	место (c) рођења	mésto rođénja
nacionalidade (f)	националност (ж)	nacionálnost
lugar (m) de residência	пребивалиште (c)	prébivalište
país (m)	земља (ж)	zémlja
profissão (f)	професија (ж)	profésija
sexo (m)	пол (м)	pol
estatura (f)	раст (м)	rast
peso (m)	тежина (ж)	težína

52. Membros da família. Parentes

mãe (f)	мајка (ж)	májka
pai (m)	отац (м)	ótac
filho (m)	син (м)	sin
filha (f)	кћи (ж)	kći
caçula (f)	млађа кћи (ж)	mláđa kći
caçula (m)	млађи син (м)	mláđi sin
filha (f) mais velha	најстарија кћи (ж)	nájstarija kći
filho (m) mais velho	најстарији син (м)	nájstariji sin
irmão (m)	брат (м)	brat
irmão (m) mais velho	старији брат (м)	stáriji brat
irmão (m) mais novo	млађи брат (м)	mláđi brat
irmã (f)	сестра (ж)	séstra
irmã (f) mais velha	старија сестра (ж)	stárija séstra
irmã (f) mais nova	млађа сестра (ж)	mláđa séstra
primo (m)	рођак (м)	róđak
prima (f)	рођака (ж)	róđaka
mamãe (f)	мама (ж)	máma
papai (m)	тата (м)	táta
pais (pl)	родитељи (мн)	róditelji
criança (f)	дете (c)	déte
crianças (f pl)	деца (мн)	déca
avó (f)	бака (ж)	báka
avô (m)	деда (м)	déda
neto (m)	унук (м)	únuk

| neta (f) | унука (ж) | únuka |
| netos (pl) | унуци (мн) | únuci |

tio (m)	ујак, стриц (м)	újak, stric
tia (f)	ујна, стрина (ж)	újna, strína
sobrinho (m)	нећак, сестрић (м)	nécak, séstrić
sobrinha (f)	нећакиња, сестричина (ж)	nećákinja, séstričina

sogra (f)	ташта (ж)	tášta
sogro (m)	свекар (м)	svékar
genro (m)	зет (м)	zet
madrasta (f)	маћеха (ж)	máćeha
padrasto (m)	очух (м)	óćuh

criança (f) de colo	беба (ж)	béba
bebê (m)	беба (ж)	béba
menino (m)	мало дете (с), беба (ж)	málo déte, béba

mulher (f)	жена (ж)	žéna
marido (m)	муж (м)	muž
esposo (m)	супруг (м)	súprug
esposa (f)	супруга (ж)	súpruga

casado (adj)	ожењен	óženjen
casada (adj)	удата	údata
solteiro (adj)	неожењен	neóženjen
solteirão (m)	нежења (м)	néženja
divorciado (adj)	разведен	razvéden
viúva (f)	удовица (ж)	udóvica
viúvo (m)	удовац (м)	údovac

parente (m)	рођак (м)	róđak
parente (m) próximo	блиски рођак (м)	blíski róđak
parente (m) distante	даљи рођак (м)	dálji róđak
parentes (m pl)	рођаци (мн)	róđaci

órfão (m), órfã (f)	сироче (с)	siróče
tutor (m)	старатељ (м)	stáratelj
adotar (um filho)	усвојити (пг)	usvójiti
adotar (uma filha)	усвојити (пг)	usvójiti

53. Amigos. Colegas de trabalho

amigo (m)	пријатељ (м)	príjatelj
amiga (f)	пријатељица (ж)	prijatéljica
amizade (f)	пријатељство (с)	prijatéljstvo
ser amigos	дружити се	drúžiti se

amigo (m)	пријатељ (м)	príjatelj
amiga (f)	пријатељица (ж)	prijatéljica
parceiro (m)	партнер (м)	pártner

| chefe (m) | шеф (м) | šef |
| superior (m) | начелник (м) | náčelnik |

proprietário (m)	власник (м)	vlásnik
subordinado (m)	потчињени (м)	pótčinjeni
colega (m, f)	колега (м)	koléga

conhecido (m)	познаник (м)	póznanik
companheiro (m) de viagem	сапутник (м)	sáputnik
colega (m) de classe	школски друг (м)	škólski drug

vizinho (m)	комшија (м)	kómšija
vizinha (f)	комшиница (ж)	kómšinica
vizinhos (pl)	комшије (мн)	kómšije

54. Homem. Mulher

mulher (f)	жена (ж)	žéna
menina (f)	девојка (ж)	dévojka
noiva (f)	млада, невеста (ж)	mláda, névesta

bonita, bela (adj)	лепа	lépa
alta (adj)	висока	vísoka
esbelta (adj)	витка	vítka
baixa (adj)	ниска	níska

loira (f)	плавуша (ж)	plávuša
morena (f)	црнка (ж)	cŕnka

de senhora	дамски	dámski
virgem (f)	девица (ж)	dévica
grávida (adj)	трудна	trúdna

homem (m)	мушкарац (м)	muškárac
loiro (m)	плавушан (м)	plávušan
moreno (m)	бринет (м)	brínet
alto (adj)	висок	vísok
baixo (adj)	низак	nízak

rude (adj)	груб	grub
atarracado (adj)	здепаст	zdépast
robusto (adj)	јак	jak
forte (adj)	снажан	snážan
força (f)	снага (ж)	snága

gordo (adj)	дебео	débeo
moreno (adj)	тамнопут, гарав	támnoput, gárav
esbelto (adj)	витак	vítak
elegante (adj)	елегантан	elegántan

55. Idade

idade (f)	узраст (м), старост (ж)	úzrast, stárost
juventude (f)	младост (ж)	mládost
jovem (adj)	млад	mlad

mais novo (adj)	млађи	mláđi
mais velho (adj)	старији	stáriji
jovem (m)	младић (м)	mládić
adolescente (m)	тинејџер (м)	tinéjdžer
rapaz (m)	момак (м)	mómak
velho (m)	старац (м)	stárac
velha (f)	старица (ж)	stárica
adulto	одрасла особа (ж)	ódrasla ósoba
de meia-idade	средовјечни	srédovječni
idoso, de idade (adj)	постарији	póstariji
velho (adj)	стар	star
aposentadoria (f)	пензија (ж)	pénzija
aposentar-se (vr)	отићи у пензију	ótići u pénziju
aposentado (m)	пензионер (м)	penzióner

56. Crianças

criança (f)	дете (с)	déte
crianças (f pl)	деца (мн)	déca
gêmeos (m pl), gêmeas (f pl)	близанци (мн)	blizánci
berço (m)	колевка (ж)	kólevka
chocalho (m)	звечка (ж)	zvéčka
fralda (f)	пелена (ж)	pélena
chupeta (f), bico (m)	цуцла (ж)	cúcla
carrinho (m) de bebê	дечија колица (мн)	déčija kolíca
jardim (m) de infância	обданиште (с)	óbdanište
babysitter, babá (f)	дадиља (ж)	dádilja
infância (f)	детињство (с)	detínjstvo
boneca (f)	лутка (ж)	lútka
brinquedo (m)	играчка (ж)	ígračka
jogo (m) de montar	конструктор (м)	konstrúktor
bem-educado (adj)	васпитан	váspitan
malcriado (adj)	неваспитан	neváspitan
mimado (adj)	размажен	rázmažen
ser travesso	бити несташан	bíti néstašan
travesso, traquinas (adj)	несташан	néstašan
travessura (f)	несташлук (м)	néstašluk
criança (f) travessa	несташко (м)	néstaško
obediente (adj)	послушан	póslušan
desobediente (adj)	непослушан	néposlušan
dócil (adj)	паметан, послушан	pámetan, póslušan
inteligente (adj)	паметан	pámetan
prodígio (m)	вундеркинд (м)	vúnderkind

57. Casais. Vida de família

beijar (vt)	љубити (нг)	ljúbiti
beijar-se (vr)	љубити се	ljúbiti se
família (f)	породица (ж)	pórodica
familiar (vida ~)	породични	pórodični
casal (m)	пар (м)	par
matrimônio (m)	брак (м)	brak
lar (m)	домаће огњиште (c)	domáće ógnjište
dinastia (f)	династија (ж)	dinástija
encontro (m)	сусрет (м)	súsret
beijo (m)	пољубац (м)	póljubac
amor (m)	љубав (ж)	ljúbav
amar (pessoa)	волети (нг)	vóleti
amado, querido (adj)	вољени	vóljeni
ternura (f)	нежност (ж)	néžnost
afetuoso (adj)	нежан	néžan
fidelidade (f)	верност (ж)	vérnost
fiel (adj)	веран	véran
cuidado (m)	брига (ж)	bríga
carinhoso (adj)	брижан	brížan
recém-casados (pl)	младенци (мн)	mládenci
lua (f) de mel	медени месец (м)	médeni mésec
casar-se (com um homem)	удати се	údati se
casar-se (com uma mulher)	женити се	žéniti se
casamento (m)	свадба (ж)	svádba
bodas (f pl) de ouro	златна свадба (ж)	zlátna svádba
aniversário (m)	годишњица (ж)	gódišnjica
amante (m)	љубавник (м)	ljúbavnik
amante (f)	љубавница (ж)	ljúbavnica
adultério (m), traição (f)	превара (ж)	prévara
cometer adultério	преварити (нг)	prévariti
ciumento (adj)	љубоморан	ljúbomoran
ser ciumento, -a	бити љубоморан	bíti ljúbomoran
divórcio (m)	развод (м)	rázvod
divorciar-se (vr)	развести се	rázvesti se
brigar (discutir)	свађати се	sváđati se
fazer as pazes	мирити се	míriti se
juntos (ir ~)	заједно	zájedno
sexo (m)	секс (м)	seks
felicidade (f)	срећа (ж)	sréća
feliz (adj)	срећан	sréćan
infelicidade (f)	несрећа (ж)	nésreća
infeliz (adj)	несрећан	nésrećan

Caráter. Sentimentos. Emoções

58. Sentimentos. Emoções

sentimento (m)	осећај (м)	ósećaj
sentimentos (m pl)	осећања (мн)	ósećanja
sentir (vt)	осећати (пг)	ósećati
fome (f)	глад (ж)	glád
ter fome	бити гладан	bíti gládan
sede (f)	жеђ (ж)	žeđ
ter sede	бити жедан	bíti žédan
sonolência (f)	поспаност (ж)	póspanost
estar sonolento	бити поспан	bíti póspan
cansaço (m)	умор (м)	úmor
cansado (adj)	уморан	úmoran
ficar cansado	уморити се	umóriti se
humor (m)	расположење (с)	raspoložénje
tédio (m)	досада (ж)	dósada
entediar-se (vr)	досађивати се	dosađívati se
reclusão (isolamento)	самоћа (ж)	samóća
isolar-se (vr)	усамити се	usámiti se
preocupar (vt)	узнемиравати (пг)	uznemirávati
estar preocupado	бринути се	brínuti se
preocupação (f)	брига (ж)	bríga
ansiedade (f)	анксиозност (ж)	anksióznost
preocupado (adj)	забринут, преокупиран	zábrinut, preokupiran
estar nervoso	бити нервозан	bíti nérvozan
entrar em pânico	паничити (нг)	páničiti
esperança (f)	нада (ж)	náda
esperar (vt)	надати се	nádati se
certeza (f)	сигурност (ж)	sigúrnost
certo, seguro de ...	сигуран	síguran
indecisão (f)	несигурност (ж)	nesigúrnost
indeciso (adj)	несигуран	nésiguran
bêbado (adj)	пијан	píjan
sóbrio (adj)	трезан	trézan
fraco (adj)	слаб	slab
feliz (adj)	срећан	srećan
assustar (vt)	уплашити (пг)	úplašiti
fúria (f)	бес (м)	bes
ira, raiva (f)	гнев, бес (м)	gnev, bes
depressão (f)	депресија (ж)	deprésija
desconforto (m)	нелагодност (ж)	nelágodnost

conforto (m)	комфор (м)	kómfor
arrepender-se (vr)	жалити (нг)	žáliti
arrependimento (m)	жаљење (с)	žáljenje
azar (m), má sorte (f)	несрећа (ж)	nésreća
tristeza (f)	туга (ж)	túga

vergonha (f)	стид (м)	stid
alegria (f)	весеље (с)	vesélje
entusiasmo (m)	ентузијазам (м)	entuzijázam
entusiasta (m)	ентузијаст (м)	entuzíjast
mostrar entusiasmo	показати ентузијазам	pokázati entuzijázam

59. Caráter. Personalidade

caráter (m)	карактер (м)	karákter
falha (f) de caráter	мана (ж)	mána
mente (f)	ум (м)	um
razão (f)	разум (м)	rázum

consciência (f)	савест (ж)	sávest
hábito, costume (m)	навика (ж)	návika
habilidade (f)	способност (ж)	spósobnost
saber (~ nadar, etc.)	умети (нг)	úmeti

paciente (adj)	стрпљив	stŕpljiv
impaciente (adj)	нестрпљив	nestŕpljiv
curioso (adj)	радознао	radóznao
curiosidade (f)	радозналост (ж)	radóznalost

modéstia (f)	скромност (ж)	skrómnost
modesto (adj)	скроман	skróman
imodesto (adj)	нескроман	néskroman

preguiça (f)	лењост (ж)	lénjost
preguiçoso (adj)	лењ	lenj
preguiçoso (m)	ленчуга (м)	lénčuga

astúcia (f)	лукавост (ж)	lúkavost
astuto (adj)	лукав	lúkav
desconfiança (f)	неповерење (с)	nepoverénje
desconfiado (adj)	неповерљив	nepovérljiv

generosidade (f)	дарежљивост (ж)	daréžljivost
generoso (adj)	дарежљив	daréžljiv
talentoso (adj)	талентован	tálentovan
talento (m)	таленат (м)	tálenat

corajoso (adj)	храбар	hrábar
coragem (f)	храброст (ж)	hrábrost
honesto (adj)	искрен	ískren
honestidade (f)	искреност (ж)	ískrenost

| prudente, cuidadoso (adj) | опрезан | óprezan |
| valoroso (adj) | одважан | ódvažan |

sério (adj)	озбиљан	ózbiljan
severo (adj)	строг	strog
decidido (adj)	одлучан	ódlučan
indeciso (adj)	неодлучан	néodlučan
tímido (adj)	стидљив	stídljiv
timidez (f)	стидљивост (ж)	stídljivost
confiança (f)	поверење (с)	poverénje
confiar (vt)	веровати (нг)	vérovati
crédulo (adj)	поверљив	povérljiv
sinceramente	озбиљно	ózbiljno
sincero (adj)	озбиљан	ózbiljan
sinceridade (f)	искреност (ж)	ískrenost
aberto (adj)	отворен	ótvoren
calmo (adj)	тих	tih
franco (adj)	искрен	ískren
ingênuo (adj)	наиван	náivan
distraído (adj)	расејан	rasejan
engraçado (adj)	смешан	sméšan
ganância (f)	похлепа (ж)	póhlepa
ganancioso (adj)	похлепан	póhlepan
avarento, sovina (adj)	шкрт	škŕt
mal (adj)	зао	záo
teimoso (adj)	тврдоглав	tvrdóglav
desagradável (adj)	непријатан	néprijatan
egoísta (m)	себичњак (м)	sébičnjak
egoísta (adj)	себичан	sébičan
covarde (m)	кукавица (ж)	kúkavica
covarde (adj)	кукавички	kúkavički

60. O sono. Sonhos

dormir (vi)	спавати (нг)	spávati
sono (m)	спавање (с)	spávanje
sonho (m)	сан (м)	san
sonhar (ver sonhos)	сањати (нг)	sánjati
sonolento (adj)	сањив	sánjiv
cama (f)	кревет (м)	krévet
colchão (m)	душек (м)	dúšek
cobertor (m)	јорган (м)	jórgan
travesseiro (m)	јастук (м)	jástuk
lençol (m)	чаршав (м)	čáršav
insônia (f)	несаница (ж)	nésanica
sem sono (adj)	бесан	bésan
sonífero (m)	таблета (ж) за спавање	tabléta za spávanje
tomar um sonífero	узети таблету (ж) за спавање	úzeti tablétu za spávanje

estar sonolento	бити поспан	bíti póspan
bocejar (vi)	зевати (нг)	zévati
ir para a cama	ићи на спавање	íći na spávanje
fazer a cama	намештати кревет	naméštati krévet
adormecer (vi)	заспати (нг)	záspati
pesadelo (m)	кошмар (м), мора (ж)	kóšmar, móra
ronco (m)	хркање (с)	hŕkanje
roncar (vi)	хркати (пг)	hŕkati
despertador (m)	будилник (м)	búdilnik
acordar, despertar (vt)	пробудити (пг)	probúditi
acordar (vi)	пробуђивати се	probuđívati se
levantar-se (vr)	устајати (нг)	ústajati
lavar-se (vr)	умивати се	umívati se

61. Humor. Riso. Alegria

humor (m)	хумор (м)	húmor
senso (m) de humor	смисао (м) за хумор	smísao za húmor
divertir-se (vr)	уживати (нг)	užívati
alegre (adj)	весео	véseo
diversão (f)	весеље (с)	vesélje
sorriso (m)	осмех (м)	ósmeh
sorrir (vi)	осмехивати се	osmehívati se
começar a rir	засмејати се	zasméjati se
rir (vi)	смејати се	sméjati se
riso (m)	смех (м)	smeh
anedota (f)	виц (м)	vic
engraçado (adj)	смешан	sméšan
ridículo, cômico (adj)	смешан	sméšan
brincar (vi)	шалити се	šáliti se
piada (f)	шала (ж)	šála
alegria (f)	радост (ж)	rádost
regozijar-se (vr)	радовати се	rádovati se
alegre (adj)	радостан	rádostan

62. Discussão, conversação. Parte 1

comunicação (f)	општење (с)	ópštenje
comunicar-se (vr)	комуницирати (нг)	komunicírati
conversa (f)	разговор (м)	rázgovor
diálogo (m)	дијалог (м)	dijálog
discussão (f)	дискусија (ж)	diskúsija
debate (m)	расправа (ж)	rásprava
debater (vt)	расправљати се	ráspravljati se
interlocutor (m)	саговорник (м)	ságovornik
tema (m)	тема (ж)	téma

ponto (m) de vista	тачка (ж) гледишта	táčka glédišta
opinião (f)	мишљење (с)	míšljenje
discurso (m)	говор (м)	góvor
discussão (f)	расправа, дискусија (ж)	rásprava, dískusija
discutir (vt)	расправљати (пг)	ráspravljati
conversa (f)	разговор (м)	rázgovor
conversar (vi)	разговарати (нг)	razgovárati
reunião (f)	сусрет (м)	súsret
encontrar-se (vr)	сусрести се	súsresti se
provérbio (m)	пословица (ж)	póslovica
ditado, provérbio (m)	пословица (ж)	póslovica
adivinha (f)	загонетка (ж)	zágonetka
dizer uma adivinha	загонетати (пг)	zagonétati
senha (f)	лозинка (ж)	lózinka
segredo (m)	тајна (ж)	tájna
juramento (m)	заклетва (ж)	zákletva
jurar (vi)	клети се	kléti se
promessa (f)	обећање (с)	obećánje
prometer (vt)	обећати (пг)	obéćati
conselho (m)	савет (м)	sávet
aconselhar (vt)	саветовати (пг)	sávetovati
seguir o conselho	слушати савет	slúšati sávet
escutar (~ os conselhos)	слушати (пг)	slúšati
novidade, notícia (f)	новост (ж)	nóvost
sensação (f)	сензација (ж)	senzácija
informação (f)	информације (мн)	informácije
conclusão (f)	закључак (м)	záključak
voz (f)	глас (м)	glas
elogio (m)	комплимент (м)	kompliмént
amável, querido (adj)	љубазан	ljúbazan
palavra (f)	реч (ж)	reč
frase (f)	фраза (ж)	fráza
resposta (f)	одговор (м)	ódgovor
verdade (f)	истина (ж)	ístina
mentira (f)	лаж (ж)	laž
pensamento (m)	мисао (ж)	mísao
ideia (f)	идеја (ж)	idéja
fantasia (f)	фантазија (ж)	fantázija

63. Discussão, conversação. Parte 2

estimado, respeitado (adj)	поштован	póštovan
respeitar (vt)	поштовати (пг)	poštóvati
respeito (m)	поштовање (с)	poštovánje
Estimado ..., Caro ...	Поштовани, ...	Póštovani, ...
apresentar (alguém a alguém)	упознати (пг)	upóznati

conhecer (vt)	упознати се	upóznati se
intenção (f)	намера (ж)	námera
tencionar (~ fazer algo)	намеравати (нг)	namerávati
desejo (de boa sorte)	жеља (ж)	žélja
desejar (ex. ~ boa sorte)	пожелети (пг)	požéleti
surpresa (f)	изненађење (с)	iznenaďénje
surpreender (vt)	чудити (пг)	čúditi
surpreender-se (vr)	чудити се	čúditi se
dar (vt)	дати (пг)	dáti
pegar (tomar)	узети (пг)	úzeti
devolver (vt)	вратити (пг)	vrátiti
retornar (vt)	вратити (пг)	vrátiti
desculpar-se (vr)	извињавати се	izvinjávati se
desculpa (f)	извињење (с)	izvinjénje
perdoar (vt)	опраштати (пг)	opráštati
falar (vi)	разговарати (нг)	razgovárati
escutar (vt)	слушати (пг)	slúšati
ouvir até o fim	саслушати (пг)	sáslušati
entender (compreender)	разумети (пг)	razúmeti
mostrar (vt)	показати (пг)	pokázati
olhar para ...	гледати (пг)	glédati
chamar (alguém para ...)	позвати (пг)	pózvati
perturbar, distrair (vt)	сметати (пг)	smétati
perturbar (vt)	сметати (пг)	smétati
entregar (~ em mãos)	предати (пг)	prédati
pedido (m)	молба (ж)	mólba
pedir (ex. ~ ajuda)	тражити, молити (пг)	trážiti, móliti
exigência (f)	захтев (м)	záhtev
exigir (vt)	захтевати, тражити	zahtévati, trážiti
insultar (chamar nomes)	задиркивати (пг)	zadirkívati
zombar (vt)	подсмевати се	podsmévati se
zombaria (f)	подсмех (м)	pódsmeh
alcunha (f), apelido (m)	надимак (м)	nádimak
insinuação (f)	наговештај (м)	nágoveštaj
insinuar (vt)	наговештавати (нг)	nagoveštávati
querer dizer	подразумевати (нг)	podrazumévati
descrição (f)	опис (м)	ópis
descrever (vt)	описати (пг)	opísati
elogio (m)	похвала (ж)	póhvala
elogiar (vt)	похвалити (пг)	pohváliti
desapontamento (m)	разочарање (с)	razočaránje
desapontar (vt)	разочарати (пг)	razočárati
desapontar-se (vr)	разочарати се	razočárati se
suposição (f)	претпоставка (ж)	prétpostavka
supor (vt)	претпостављати (пг)	pretpóstavljati

| advertência (f) | упозорење (с) | upozorénje |
| advertir (vt) | упозорити (пг) | upozóriti |

64. Discussão, conversação. Parte 3

| convencer (vt) | наговорити (пг) | nagovóriti |
| acalmar (vt) | смиривати (пг) | smirívati |

silêncio (o ~ é de ouro)	ћутање (с)	ćútanje
ficar em silêncio	ћутати (нг)	ćútati
sussurrar (vt)	шапнути (пг)	šápnuti
sussurro (m)	шапат (м)	šápat

| francamente | искрено | ískreno |
| na minha opinião … | по мом мишљењу … | po mom míšljenju … |

detalhe (~ da história)	деталь (ж)	détalj
detalhado (adj)	детаљан	détaljan
detalhadamente	детаљно	détaljno

| dica (f) | наговештај (м) | nágoveštaj |
| dar uma dica | дати миг | dáti mig |

olhar (m)	поглед (м)	pógled
dar uma olhada	погледати (пг)	pógledati
fixo (olhada ~a)	непомичан	nepómičan
piscar (vi)	трептати (нг)	tréptati
piscar (vt)	намигнути (нг)	namígnuti
acenar com a cabeça	климнути (нг)	klímnuti

suspiro (m)	уздах (м)	úzdah
suspirar (vi)	уздахнути (нг)	uzdáhnuti
estremecer (vi)	дрхтати (нг)	dȑhtati
gesto (m)	гест (м)	gest
tocar (com as mãos)	додирнути (пг)	dodírnuti
agarrar (~ pelo braço)	хватати (пг)	hvátati
bater de leve	тапштати (нг)	tápštati

Cuidado!	Опрез!	Óprez!
Sério?	Стварно?	Stvárno?
Tem certeza?	Да ли си сигуран?	Da li si síguran?
Boa sorte!	Срећно!	Srećno!
Entendi!	Јасно!	Jásno!
Que pena!	Штета!	Štéta!

65. Acordo. Recusa

consentimento (~ mútuo)	пристанак (м)	prístanak
consentir (vi)	пристати (нг)	prístati
aprovação (f)	одобрење (с)	odobrénje
aprovar (vt)	одобрити (пг)	odóbriti
recusa (f)	одбијање (с)	odbíjanje

negar-se a ...	одбијати се	odbíjati se
Ótimo!	Одлично!	Ódlično!
Tudo bem!	Добро!	Dóbro!
Está bem! De acordo!	Важи!	Váži!
proibido (adj)	забрањен	zábranjen
é proibido	забрањено	zabránjeno
é impossível	немогуће	némoguće
incorreto (adj)	погрешан	pógrešan
rejeitar (~ um pedido)	одбити (пг)	ódbiti
apoiar (vt)	подржати (пг)	podŕžati
aceitar (desculpas, etc.)	прихватити (пг)	príhvatiti
confirmar (vt)	потврдити (пг)	potvŕditi
confirmação (f)	потврда (ж)	pótvrda
permissão (f)	дозвола (ж)	dózvola
permitir (vt)	дозволити (нг, пг)	dozvóliti
decisão (f)	одлука (ж)	ódluka
não dizer nada	прећутати (нг)	prećútati
condição (com uma ~)	услов (м)	úslov
pretexto (m)	изговор (м)	ízgovor
elogio (m)	похвала (ж)	póhvala
elogiar (vt)	похвалити (пг)	pohváliti

66. Sucesso. Boa sorte. Insucesso

êxito, sucesso (m)	успех (м)	úspeh
com êxito	успешно	úspešno
bem sucedido (adj)	успешан	úspešan
sorte (fortuna)	срећа (ж)	sréća
Boa sorte!	Сретно! Срећно!	Srétno! Srećno!
de sorte	срећан	srećan
sortudo, felizardo (adj)	срећан	srećan
fracasso (m)	неуспех (м)	néuspeh
pouca sorte (f)	неуспех (м)	néuspeh
azar (m), má sorte (f)	несрећа (ж)	nésreća
mal sucedido (adj)	неуспешан	néuspešan
catástrofe (f)	катастрофа (ж)	katastrófa
orgulho (m)	понос (м)	pónos
orgulhoso (adj)	поносан	pónosan
estar orgulhoso, -a	поносити се	ponósiti se
vencedor (m)	победник (м)	póbednik
vencer (vi, vt)	победити (нг)	pobéditi
perder (vt)	изгубити (нг, пг)	izgúbiti
tentativa (f)	покушај (м)	pókušaj
tentar (vt)	покушавати (нг)	pokušávati
chance (m)	шанса (ж)	šánsa

67. Conflitos. Emoções negativas

grito (m)	узвик (м)	úzvik
gritar (vi)	викати (нг)	víkati
começar a gritar	почети викати	póčeti víkati

discussão (f)	свађа (ж)	sváđa
brigar (discutir)	свађати се	sváđati se
escândalo (m)	свађа (ж)	sváđa
criar escândalo	свађати се	sváđati se
conflito (m)	конфликт (м)	kónflikt
mal-entendido (m)	неспоразум (м)	nésporazum

insulto (m)	увреда (ж)	úvreda
insultar (vt)	вређати (нг)	vréđati
insultado (adj)	увређен	úvređen
ofensa (f)	кивност (ж)	kívnost
ofender (vt)	увредити (нг)	uvréditi
ofender-se (vr)	бити киван	biti kívan

indignação (f)	негодовање (с)	négodovanje
indignar-se (vr)	индигнирати се	indignírati se
queixa (f)	жалба (ж)	žálba
queixar-se (vr)	жалити се	žáliti se

desculpa (f)	извињење (с)	izvinjénje
desculpar-se (vr)	извињавати се	izvinjávati se
pedir perdão	извињавати се	izvinjávati se

crítica (f)	критика (ж)	krítika
criticar (vt)	критиковати (нг)	krítikovati
acusação (f)	оптужба (ж)	óptužba
acusar (vt)	окривљавати (нг)	okrivljávati

vingança (f)	освета (ж)	ósveta
vingar (vt)	освећивати се	osvećívati se
vingar-se de	отплатити (нг)	otplátiti

desprezo (m)	презир (м)	prézir
desprezar (vt)	презирати (нг)	prézirati
ódio (m)	мржња (ж)	mŕžnja
odiar (vt)	мрзети (нг)	mŕzeti

nervoso (adj)	нервозан	nérvozan
estar nervoso	бити нервозан	bíti nérvozan
zangado (adj)	љут	ljut
zangar (vt)	разљутити (нг)	razljútiti

humilhação (f)	понижење (с)	poniženje
humilhar (vt)	понижавати (нг)	ponižávati
humilhar-se (vr)	понижавати се	ponižávati se

choque (m)	шок (м)	šok
chocar (vt)	шокирати (нг)	šokírati
aborrecimento (m)	неприлика (ж)	neprílika

desagradável (adj)	непријатан	néprijatan
medo (m)	страх (м)	strah
terrível (tempestade, etc.)	страшан	strášan
assustador (ex. história ~a)	страшан	strášan
horror (m)	ужас (м)	úžas
horrível (crime, etc.)	ужасан	úžasan
começar a tremer	почети дрхтати	póčeti dŕhtati
chorar (vi)	плакати (нг)	plákati
começar a chorar	заплакати (нг)	záplakati
lágrima (f)	суза (ж)	súza
falta (f)	грешка (ж)	gréška
culpa (f)	кривица (ж)	krivíca
desonra (f)	срамота (ж)	sramóta
protesto (m)	протест (м)	prótest
estresse (m)	стрес (м)	stres
perturbar (vt)	сметати (нг)	smétati
zangar-se com …	љутити се	ljútiti se
zangado (irritado)	љут	ljut
terminar (vt)	прекидати (нг)	prekídati
praguejar	грдити (нг)	gŕditi
assustar-se	плашити се	plášiti se
golpear (vt)	ударити (нг)	údariti
brigar (na rua, etc.)	тући се	túći se
resolver (o conflito)	решити (нг)	réšiti
descontente (adj)	незадовољан	nézadovoljan
furioso (adj)	бесан	bésan
Não está bem!	То није добро!	To níje dóbro!
É ruim!	То је лоше!	To je lóše!

Medicina

68. Doenças

doença (f)	болест (ж)	bólest
estar doente	боловати (нг)	bolóvati
saúde (f)	здравље (c)	zdrávlje

nariz (m) escorrendo	кијавица (ж)	kíjavica
amigdalite (f)	ангина (ж)	angína
resfriado (m)	прехлада (ж)	préhlada
ficar resfriado	прехладити се	prehláditi se

bronquite (f)	бронхитис (м)	bronhítis
pneumonia (f)	упала (ж) плућа	úpala plúća
gripe (f)	грип (м)	grip

míope (adj)	кратковид	kratkóvid
presbita (adj)	далековид	dalekóvid
estrabismo (m)	разрокост (ж)	rázrokost
estrábico, vesgo (adj)	разрок	rázrok
catarata (f)	катаракта (ж)	katarákta
glaucoma (m)	глауком (м)	gláukom

AVC (m), apoplexia (f)	мождани удар (м)	móždani údar
ataque (m) cardíaco	инфаркт (м)	ínfarkt
enfarte (m) do miocárdio	инфаркт (м) миокарда	ínfarkt míokarda
paralisia (f)	парализа (ж)	paralíza
paralisar (vt)	парализовати (пг)	parálizovati

alergia (f)	алергија (ж)	alérgija
asma (f)	астма (ж)	ástma
diabetes (f)	дијабетес (м)	dijabétes

| dor (f) de dente | зубобоља (ж) | zubóbolja |
| cárie (f) | каријес (м) | kárijes |

diarreia (f)	дијареја (ж), пролив (м)	dijaréja, próliv
prisão (f) de ventre	затвор (м)	zátvor
desarranjo (m) intestinal	лоша проба (ж)	lóša próbava
intoxicação (f) alimentar	тровање (c)	tróvanje
intoxicar-se	отровати се	otróvati se

artrite (f)	артритис (м)	artrítis
raquitismo (m)	рахитис (м)	rahítis
reumatismo (m)	реуматизам (м)	reumatízam
arteriosclerose (f)	атеросклероза (ж)	ateroskleróza

| gastrite (f) | гастритис (м) | gastrítis |
| apendicite (f) | апендицитис (м) | apendicítis |

colecistite (f)	холециститис (м)	holecístitis
úlcera (f)	чир (м)	čir
sarampo (m)	мале богиње (мн)	mále bóginje
rubéola (f)	рубеола (ж)	rubéola
icterícia (f)	жутица (ж)	žútica
hepatite (f)	хепатитис (м)	hepatítis
esquizofrenia (f)	шизофренија (ж)	šizofrénija
raiva (f)	беснило (с)	bésnilo
neurose (f)	неуроза (ж)	neuróza
contusão (f) cerebral	потрес (м) мозга	pótres mózga
câncer (m)	рак (м)	rak
esclerose (f)	склероза (ж)	skleróza
esclerose (f) múltipla	мултипла склероза (ж)	múltipla skleróza
alcoolismo (m)	алкохолизам (м)	alkoholízam
alcoólico (m)	алкохоличар (м)	alkohóličar
sífilis (f)	сифилис (м)	sífilis
AIDS (f)	Сида (ж)	Sída
tumor (m)	тумор (м)	túmor
maligno (adj)	малигни, злоћудан	máligni, zlóćudan
benigno (adj)	доброћудан	dóbroćudan
febre (f)	грозница (ж)	gróznica
malária (f)	маларија (ж)	málarija
gangrena (f)	гангрена (ж)	gangréna
enjoo (m)	морска болест (ж)	mórska bólest
epilepsia (f)	епилепсија (ж)	epilépsija
epidemia (f)	епидемија (ж)	epidémija
tifo (m)	тифус (м)	tífus
tuberculose (f)	туберкулоза (ж)	tuberkulóza
cólera (f)	колера (ж)	koléra
peste (f) bubônica	куга (ж)	kúga

69. Sintomas. Tratamentos. Parte 1

sintoma (m)	симптом (м)	símptom
temperatura (f)	температура (ж)	temperatúra
febre (f)	висока температура (ж)	vísoka temperatúra
pulso (m)	пулс (м)	puls
vertigem (f)	вртоглавица (ж)	vrtóglavica
quente (testa, etc.)	врућ	vruć
calafrio (m)	језа (ж)	jéza
pálido (adj)	блед	bled
tosse (f)	кашаљ (м)	kášalj
tossir (vi)	кашљати (нг)	kášljati
espirrar (vi)	кијати (нг)	kíjati
desmaio (m)	несвестица (ж)	nésvestica

desmaiar (vi)	онесвестити се	onesvéstiti se
mancha (f) preta	модрица (ж)	módrica
galo (m)	чворуга (ж)	čvóruga
machucar-se (vr)	ударити се	údariti se
contusão (f)	озледа (ж)	ózleda
machucar-se (vr)	озледити се	ozléditi se
mancar (vi)	храмати (нг)	hrámati
deslocamento (f)	ишчашење (c)	iščašénje
deslocar (vt)	ишчашити (пг)	íščašiti
fratura (f)	прелом (м)	prélom
fraturar (vt)	задобити прелом	zadóbiti prélom
corte (m)	посекотина (ж)	posekótina
cortar-se (vr)	порезати се	pórezati se
hemorragia (f)	крварење (c)	krvárenje
queimadura (f)	опекотина (ж)	opekótina
queimar-se (vr)	опећи се	ópeći se
picar (vt)	убости (пг)	úbosti
picar-se (vr)	убости се	úbosti se
lesionar (vt)	повредити (пг)	povréditi
lesão (m)	повреда (ж)	póvreda
ferida (f), ferimento (m)	рана (ж)	rána
trauma (m)	траума (ж)	tráuma
delirar (vi)	бунцати (нг)	búncati
gaguejar (vi)	муцати (нг)	múcati
insolação (f)	сунчаница (ж)	súnčanica

70. Sintomas. Tratamentos. Parte 2

dor (f)	бол (ж)	bol
farpa (no dedo, etc.)	трн (м)	trn
suor (m)	зној (м)	znoj
suar (vi)	знојити се	znójiti se
vômito (m)	повраћање (c)	póvraćanje
convulsões (f pl)	грчеви (мн)	gŕčevi
grávida (adj)	трудна	trúdna
nascer (vi)	родити се	róditi se
parto (m)	порођај (м)	pórođaj
dar à luz	рађати (пг)	ráđati
aborto (m)	абортус, побачај (м)	abórtus, póbačaj
respiração (f)	дисање (c)	dísanje
inspiração (f)	удисај (м)	údisaj
expiração (f)	издах (м)	ízdah
expirar (vi)	издахнути (нг)	izdáhnuti
inspirar (vi)	удисати (нг)	údisati
inválido (m)	инвалид (м)	inválid
aleijado (m)	богаљ (м)	bógalj

drogado (m)	наркоман (м)	nárkoman
surdo (adj)	глув	gluv
mudo (adj)	нем	nem
surdo-mudo (adj)	глувонем	glúvonem
louco, insano (adj)	луд	lud
louco (m)	лудак (м)	lúdak
louca (f)	луда (ж)	lúda
ficar louco	полудети (нг)	polúdeti
gene (m)	ген (м)	gen
imunidade (f)	имунитет (м)	imunítet
hereditário (adj)	наследни	následni
congênito (adj)	урођен	úrođen
vírus (m)	вирус (м)	vírus
micróbio (m)	микроб (м)	míkrob
bactéria (f)	бактерија (ж)	baktérija
infecção (f)	инфекција (ж)	infékcija

71.   Sintomas. Tratamentos. Parte 3

hospital (m)	болница (ж)	bólnica
paciente (m)	пацијент (м)	pacíjent
diagnóstico (m)	дијагноза (ж)	díjagnóza
cura (f)	лечење (с)	léčenje
tratamento (m) médico	медицински третман (м)	médicinski trétman
curar-se (vr)	лечити се	léčiti se
tratar (vt)	лечити (нг)	léčiti
cuidar (pessoa)	неговати (нг)	négovati
cuidado (m)	нега (ж)	néga
operação (f)	операција (ж)	operácija
enfaixar (vt)	превити (нг)	préviti
enfaixamento (m)	превијање (с)	prevíjanje
vacinação (f)	вакцинација (ж)	vakcinácija
vacinar (vt)	вакцинисати (нг)	vakcinísati
injeção (f)	ињекција (ж)	injékcija
dar uma injeção	давати ињекцију	dávati injékciju
ataque (~ de asma, etc.)	напад (м)	nápad
amputação (f)	ампутација (ж)	amputácija
amputar (vt)	ампутирати (нг)	amputírati
coma (f)	кома (ж)	kóma
estar em coma	бити у коми	bíti u kómi
reanimação (f)	реанимација (ж)	reanimácija
recuperar-se (vr)	оздрављати (нг)	ódzdravljati
estado (~ de saúde)	стање (с)	stánje
consciência (perder a ~)	свест (ж)	svest
memória (f)	памћење (с)	pámćenje
tirar (vt)	вадити (нг)	váditi

obturação (f)	пломба (ж)	plómba
obturar (vt)	пломбирати (пг)	plombírati
hipnose (f)	хипноза (ж)	hipnóza
hipnotizar (vt)	хипнотизирати (пг)	hipnotizírati

72. Médicos

médico (m)	лекар (м)	lékar
enfermeira (f)	медицинска сестра (ж)	médicinska séstra
médico (m) pessoal	лични лекар (м)	líčni lékar
dentista (m)	зубар (м)	zúbar
oculista (m)	окулиста (м)	okulísta
terapeuta (m)	терапеут (м)	terapéut
cirurgião (m)	хирург (м)	hírurg
psiquiatra (m)	психијатар (м)	psihijátar
pediatra (m)	педијатар (м)	pedíjatar
psicólogo (m)	психолог (м)	psihólog
ginecologista (m)	гинеколог (м)	ginekólog
cardiologista (m)	кардиолог (м)	kardiólog

73. Medicina. Drogas. Acessórios

medicamento (m)	лек (м)	lek
remédio (m)	средство (с)	srédstvo
receitar (vt)	преписивати (пг)	prepisívati
receita (f)	рецепт (м)	récept
comprimido (m)	таблета (ж)	tabléta
unguento (m)	маст (ж)	mast
ampola (f)	ампула (ж)	ámpula
solução, preparado (m)	микстура (ж)	mikstúra
xarope (m)	сируп (м)	sírup
cápsula (f)	пилула (ж)	pílula
pó (m)	прашак (м)	prášak
atadura (f)	завој (м)	závoj
algodão (m)	вата (ж)	váta
iodo (m)	јод (м)	jod
curativo (m) adesivo	фластер (м)	fláster
conta-gotas (m)	пипета (ж)	pipéta
termômetro (m)	термометар (м)	térmometar
seringa (f)	шприц (м)	špric
cadeira (f) de rodas	инвалидска колица (мн)	inválidska kolíca
muletas (f pl)	штаке (мн)	štáke
analgésico (m)	аналгетик (м)	analgétik
laxante (m)	лаксатив (м)	láksativ

álcool (m)	алкохол (м)	álkohol
ervas (f pl) medicinais	лековито биље (с)	lékovito bílje
de ervas (chá ~)	биљни	bíljni

74. Fumar. Produtos tabágicos

tabaco (m)	дуван (м)	dúvan
cigarro (m)	цигарета (ж)	cigaréta
charuto (m)	цигара (ж)	cigára
cachimbo (m)	лула (ж)	lúla
maço (~ de cigarros)	пакло (с)	páklo
fósforos (m pl)	шибице (мн)	šíbice
caixa (f) de fósforos	кутија (ж) шибица	kútija šíbica
isqueiro (m)	упаљач (м)	upáljač
cinzeiro (m)	пепељара (ж)	pepéljara
cigarreira (f)	табакера (ж)	tabakéra
piteira (f)	муштикла (ж)	múštikla
filtro (m)	филтар (м)	fíltar
fumar (vi, vt)	пушити (нг, пг)	púšiti
acender um cigarro	запалити цигарету	zapáliti cigarétu
tabagismo (m)	пушење (с)	púšenje
fumante (m)	пушач (м)	púšač
bituca (f)	опушак (м)	ópušak
fumaça (f)	дим (м)	dim
cinza (f)	пепео (м)	pépeo

HABITAT HUMANO

Cidade

cidade (f)	град (м)	grad
capital (f)	главни град (м), престоница (ж)	glávni grad, préstonica
aldeia (f)	село (с)	sélo
mapa (m) da cidade	план (м) града	plan gráda
centro (m) da cidade	центар (м) града	céntar gráda
subúrbio (m)	предграђе (с)	prédgrađe
suburbano (adj)	приградски	prígradski
periferia (f)	предграђе (с)	prédgrađe
arredores (m pl)	околина (ж)	ókolina
quarteirão (m)	четврт (ж)	čétvrt
quarteirão (m) residencial	стамбена четврт (ж)	stámbena četvrt
tráfego (m)	саобраћај (м)	sáobraćaj
semáforo (m)	семафор (м)	sémafor
transporte (m) público	градски превоз (м)	grádski prévoz
cruzamento (m)	раскрсница (ж)	ráskrsnica
faixa (f)	пешачки прелаз (м)	péšački prélaz
túnel (m) subterrâneo	подземни пролаз (м)	pódzemni prólaz
cruzar, atravessar (vt)	прелазити (пг)	prélaziti
pedestre (m)	пешак (м)	péšak
calçada (f)	тротоар (м)	trotóar
ponte (f)	мост (м)	most
margem (f) do rio	кеј (м)	kej
fonte (f)	чесма (ж)	čésma
alameda (f)	алеја (ж)	aléja
parque (m)	парк (м)	park
bulevar (m)	булевар (м)	bulévar
praça (f)	трг (м)	trg
avenida (f)	авенија (ж)	avénija
rua (f)	улица (ж)	úlica
travessa (f)	споредна улица (ж)	spóredna úlica
beco (m) sem saída	ћорсокак (м)	ćorsókak
casa (f)	кућа (ж)	kúća
edifício, prédio (m)	зграда (ж)	zgráda
arranha-céu (m)	небодер (м)	néboder
fachada (f)	фасада (ж)	fasáda

telhado (m)	кров (м)	krov
janela (f)	прозор (м)	prózor
arco (m)	лук (м)	luk
coluna (f)	колона (ж)	kolóna
esquina (f)	угао, ћошак (м)	úgao, ćóšak
vitrine (f)	излог (м)	ízlog
letreiro (m)	натпис (м)	nátpis
cartaz (do filme, etc.)	плакат (м)	plákat
cartaz (m) publicitário	рекламни постер (м)	réklamni póster
painel (m) publicitário	билборд (м)	bílbord
lixo (m)	смеће, ђубре (с)	smeće, đúbre
lata (f) de lixo	корпа (ж) за смеће	kórpa za sméće
jogar lixo na rua	бацати ђубре	bácati đúbre
aterro (m) sanitário	депонија (ж)	depónija
orelhão (m)	говорница (ж)	góvornica
poste (m) de luz	стуб (м)	stub
banco (m)	клупа (ж)	klúpa
polícia (m)	полицајац (м)	policájac
polícia (instituição)	полиција (ж)	polícija
mendigo, pedinte (m)	просјак (м)	prósjak
desabrigado (m)	бескућник (м)	béskućnik

76. Instituições urbanas

loja (f)	продавница (ж)	pródavnica
drogaria (f)	апотека (ж)	apotéka
ótica (f)	оптика (ж)	óptika
centro (m) comercial	тржни центар (м)	tŕžni céntar
supermercado (m)	супермаркет (м)	supermárket
padaria (f)	пекара (ж)	pékara
padeiro (m)	пекар (м)	pékar
pastelaria (f)	посластичарница (ж)	poslastičárnica
mercearia (f)	бакалница (ж)	bakálnica
açougue (m)	месара (ж)	mésara
fruteira (f)	пиљарница (ж)	píljarnica
mercado (m)	пијаца (ж)	píjaca
cafeteria (f)	кафић (м), кафана (ж)	káfić, kafána
restaurante (m)	ресторан (м)	restóran
bar (m)	пивница (ж)	pívnica
pizzaria (f)	пицерија (ж)	picérija
salão (m) de cabeleireiro	фризерски салон (м)	frízerski sálon
agência (f) dos correios	пошта (ж)	póšta
lavanderia (f)	хемијско чишћење (с)	hémijsko číšćenje
estúdio (m) fotográfico	фото атеље (м)	fóto atélje
sapataria (f)	продавница (ж) обуће	pródavnica óbuće
livraria (f)	књижара (ж)	knjížara

loja (f) de artigos esportivos	спортска радња (ж)	spórtska rádnja
costureira (m)	поправка (ж) одеће	pópravka ódeće
aluguel (m) de roupa	изнајмљивање (c) одеће	iznajmljívanje ódeće
videolocadora (f)	изнајмљивање (c) филмова	iznajmljívanje fílmova

circo (m)	циркус (м)	církus
jardim (m) zoológico	зоолошки врт (м)	zoóloški vŕt
cinema (m)	биоскоп (м)	bíoskop
museu (m)	музеј (м)	múzej
biblioteca (f)	библиотека (ж)	bibliotéka

teatro (m)	позориште (c)	pózorište
ópera (f)	опера (ж)	ópera
boate (casa noturna)	ноћни клуб (м)	nóćni klub
cassino (m)	коцкарница (ж)	kóckarnica

mesquita (f)	џамија (ж)	džámija
sinagoga (f)	синагога (ж)	sinagóga
catedral (f)	катедрала (ж)	katedrála
templo (m)	храм (м)	hram
igreja (f)	црква (ж)	cŕkva

faculdade (f)	институт (м)	instítut
universidade (f)	универзитет (м)	univerzitét
escola (f)	школа (ж)	škóla

prefeitura (f)	управа (ж)	úprava
câmara (f) municipal	градска кућа (ж)	grádska kúća
hotel (m)	хотел (м)	hótel
banco (m)	банка (ж)	bánka

embaixada (f)	амбасада (ж)	ambasáda
agência (f) de viagens	туристичка агенција (ж)	turístička agéncija
agência (f) de informações	биро (c) за информације	bíro za informácije
casa (f) de câmbio	мењачница (ж)	menjáčnica

metrô (m)	метро (м)	métro
hospital (m)	болница (ж)	bólnica

posto (m) de gasolina	бензинска станица (ж)	bénzinska stánica
parque (m) de estacionamento	паркиралиште (c)	parkíralište

77. Transportes urbanos

ônibus (m)	аутобус (м)	autóbus
bonde (m) elétrico	трамвај (м)	trámvaj
trólebus (m)	тролејбус (м)	troléjbus
rota (f), itinerário (m)	маршрута (ж)	maršrúta
número (m)	број (м)	broj

ir de ... (carro, etc.)	ићи ...	íći ...
entrar no ...	ући у ...	úći u ...
descer do ...	сићи (нг), изаћи из ...	síći, ízaći iz ...

parada (f)	станица (ж)	stánica
próxima parada (f)	следећа станица (ж)	slédeća stánica
terminal (m)	последња станица (ж)	póslednja stánica
horário (m)	ред (м) вожње	red vóžnje
esperar (vt)	чекати (нг, пг)	čékati

| passagem (f) | карта (ж) | kárta |
| tarifa (f) | цена (ж) карте | céna kárte |

bilheteiro (m)	благајник (м)	blágajnik
controle (m) de passagens	контрола (ж)	kontróla
revisor (m)	контролер (м)	kontróler

atrasar-se (vr)	каснити (нг)	kásniti
perder (o autocarro, etc.)	пропустити (пг)	propústiti
estar com pressa	журити (нг)	žúriti

táxi (m)	такси (м)	táksi
taxista (m)	таксиста (м)	táksista
de táxi (ir ~)	таксијем	táksijem
ponto (m) de táxis	такси станица (ж)	táksi stánica
chamar um táxi	позвати такси	pózvati táksi
pegar um táxi	узети такси	úzeti taksi

tráfego (m)	саобраћај (м)	sáobraćaj
engarrafamento (m)	гужва (ж)	gúžva
horas (f pl) de pico	шпиц (м)	špic
estacionar (vi)	паркирати се	parkírati se
estacionar (vt)	паркирати (пг)	parkírati
parque (m) de estacionamento	паркиралиште (с)	parkíralište

metrô (m)	метро (м)	métro
estação (f)	станица (ж)	stánica
ir de metrô	ићи метроом	ići metróom
trem (m)	воз (м)	voz
estação (f) de trem	железничка станица (ж)	žéleznička stánica

78. Turismo

monumento (m)	споменик (м)	spómenik
fortaleza (f)	тврђава (ж)	tvŕđava
palácio (m)	палата (ж)	paláta
castelo (m)	замак (м)	zámak
torre (f)	кула (ж)	kúla
mausoléu (m)	маузолеј (м)	mauzólej

arquitetura (f)	архитектура (ж)	arhitektúra
medieval (adj)	средњовековни	srednjovékovni
antigo (adj)	старински	starínski
nacional (adj)	национални	nacionálni
famoso, conhecido (adj)	чувен	čúven

| turista (m) | туриста (м) | turísta |
| guia (pessoa) | водич (м) | vódič |

excursão (f)	екскурзија (ж)	ekskúrzija
mostrar (vt)	показивати (пг)	pokazívati
contar (vt)	причати (пг)	príčati
encontrar (vt)	наћи (пг)	náći
perder-se (vr)	изгубити се	izgúbiti se
mapa (~ do metrô)	мапа (ж)	mápa
mapa (~ da cidade)	план (м)	plan
lembrança (f), presente (m)	сувенир (м)	suvénir
loja (f) de presentes	продавница (ж) сувенира	pródavnica suveníra
tirar fotos, fotografar	сликати (пг)	slíkati
fotografar-se (vr)	сликати се	slíkati se

79. Compras

comprar (vt)	куповати (пг)	kupóvati
compra (f)	куповина (ж)	kupóvina
fazer compras	ићи у шопинг	íći u šóping
compras (f pl)	куповина (ж)	kupóvina
estar aberta (loja)	бити отворен	bíti ótvoren
estar fechada	бити затворен	bíti zátvoren
calçado (m)	обућа (ж)	óbuća
roupa (f)	одећа (ж)	ódeća
cosméticos (m pl)	козметика (ж)	kozmétika
alimentos (m pl)	намирнице (мн)	námirnice
presente (m)	поклон (м)	póklon
vendedor (m)	продавач (м)	prodávač
vendedora (f)	продавачица (ж)	prodaváčica
caixa (f)	благајна (ж)	blágajna
espelho (m)	огледало (с)	oglédalo
balcão (m)	тезга (ж)	tézga
provador (m)	кабина (ж)	kabína
provar (vt)	пробати (пг)	próbati
servir (roupa, caber)	пристајати (нг)	prístajati
gostar (apreciar)	свиђати се	svíđati se
preço (m)	цена (ж)	céna
etiqueta (f) de preço	ценовник (м)	cénovnik
custar (vt)	коштати (нг)	kóštati
Quanto?	Колико?	Kolíko?
desconto (m)	попуст (м)	pópust
não caro (adj)	није скуп	níje skup
barato (adj)	јефтин	jéftin
caro (adj)	скуп	skup
É caro	То је скупо	To je skúpo
aluguel (m)	изнајмљивање (с)	iznajmljívanje
alugar (roupas, etc.)	изнајмити (пг)	iznájmiti

| crédito (m) | кредит (м) | krédit |
| a crédito | на кредит | na krédit |

80. Dinheiro

dinheiro (m)	новац (м)	nóvac
câmbio (m)	размена (ж)	rázmena
taxa (f) de câmbio	курс (м)	kurs
caixa (m) eletrônico	банкомат (м)	bánkomat
moeda (f)	новчић (м)	nóvčić

| dólar (m) | долар (м) | dólar |
| euro (m) | евро (м) | évro |

lira (f)	италијанска лира (ж)	itálijanska líra
marco (m)	немачка марка (ж)	némačka márka
franco (m)	франак (м)	frának
libra (f) esterlina	фунта (ж)	fúnta
iene (m)	јен (м)	jen

dívida (f)	дуг (м)	dug
devedor (m)	дужник (м)	dúžnik
emprestar (vt)	посудити	posúditi
pedir emprestado	позајмити (пг)	pozájmiti

banco (m)	банка (ж)	bánka
conta (f)	рачун (м)	ráčun
depositar (vt)	положити (пг)	polóžiti
depositar na conta	положити на рачун	polóžiti na ráčun
sacar (vt)	подићи са рачуна	pódići sa račúna

cartão (m) de crédito	кредитна картица (ж)	kréditna kártica
dinheiro (m) vivo	готовина (ж)	gótovina
cheque (m)	чек (м)	ček
passar um cheque	написати чек	napísati ček
talão (m) de cheques	чековна књижица (ж)	čékovna knjížica

carteira (f)	новчаник (м)	novčánik
niqueleira (f)	новчаник (м)	novčánik
cofre (m)	сеф (м)	sef

herdeiro (m)	наследник (м)	následnik
herança (f)	наследство (с)	následstvo
fortuna (riqueza)	богатство (с)	bogátstvo

arrendamento (m)	закуп, најам (м)	zákup, nájam
aluguel (pagar o ~)	станарина (ж)	stánarina
alugar (vt)	изнајмити (пг)	iznájmiti

preço (m)	цена (ж)	céna
custo (m)	вредност (ж)	vrédnost
soma (f)	износ (м)	íznos
gastar (vt)	трошити (пг)	tróšiti
gastos (m pl)	трошкови (мн)	tróškovi

| economizar (vi) | штедети (нг, пг) | štédeti |
| econômico (adj) | штедљив | štédljiv |

pagar (vt)	платити (нг, пг)	plátiti
pagamento (m)	плаћање (с)	pláćanje
troco (m)	кусур (м)	kúsur

imposto (m)	порез (м)	pórez
multa (f)	новчана казна (ж)	nóvčana kázna
multar (vt)	кажњавати (пг)	kažnjávati

81. Correios. Serviço postal

agência (f) dos correios	пошта (ж)	póšta
correio (m)	пошта (ж)	póšta
carteiro (m)	поштар (м)	póštar
horário (m)	радно време (с)	rádno vréme

carta (f)	писмо (с)	písmo
carta (f) registada	препоручено писмо (с)	préporučeno písmo
cartão (m) postal	разгледница (ж)	rázglednica
telegrama (m)	телеграм (м)	télegram
encomenda (f)	пакет (м)	páket
transferência (f) de dinheiro	пренос (м) новца	prénos nóvca

receber (vt)	примити (пг)	prímiti
enviar (vt)	послати (пг)	póslati
envio (m)	слање (с)	slánje

endereço (m)	адреса (ж)	adrésa
código (m) postal	поштански број (м)	póštanski broj
remetente (m)	пошиљалац (м)	póšiljalac
destinatário (m)	прималац (м)	prímalac

| nome (m) | име (с) | íme |
| sobrenome (m) | презиме (с) | prézime |

tarifa (f)	тарифа (ж)	tarífa
ordinário (adj)	обичан	óbičan
econômico (adj)	економичан	ekónomičan

peso (m)	тежина (ж)	težína
pesar (estabelecer o peso)	вагати (пг)	vágati
envelope (m)	коверат (м)	kovérat
selo (m) postal	поштанска марка (ж)	poštanska márka
colar o selo	лепити марку	lépiti márku

Moradia. Casa. Lar

82. Casa. Habitação

casa (f)	кућа (ж)	kúća
em casa	код куће	kod kúće
pátio (m), quintal (f)	двориште (c)	dvórište
cerca, grade (f)	ограда (ж)	ógrada
tijolo (m)	опека, цигла (ж)	ópeka, cígla
de tijolos	циглени	cígleni
pedra (f)	камен (м)	kámen
de pedra	камени	kámeni
concreto (m)	бетон (м)	béton
concreto (adj)	бетонски	bétonski
novo (adj)	нов	nov
velho (adj)	стар	star
decrépito (adj)	трошан	tróšan
moderno (adj)	савремен	sávremen
de vários andares	вишеспратни	višesprátni
alto (adj)	висок	vísok
andar (m)	спрат (м)	sprat
de um andar	једноспратан	jédnospratan
térreo (m)	приземље (c)	prízemlje
andar (m) de cima	горњи спрат (м)	górnji sprat
telhado (m)	кров (м)	krov
chaminé (f)	димњак (м)	dímnjak
telha (f)	цреп (м)	crep
de telha	поплочан, од црепа	pópločan, od crépa
sótão (m)	поткровље (c), таван (м)	pótkrovlje, távan
janela (f)	прозор (м)	prózor
vidro (m)	стакло (c)	stáklo
parapeito (m)	прозорска даска (ж)	prózorska dáska
persianas (f pl)	прозорски капци (мн)	prózorski kápci
parede (f)	зид (м)	zid
varanda (f)	балкон (м)	bálkon
calha (f)	олучна цев (ж)	ólučna cev
em cima	на горњем спрату	na górnjem sprátu
subir (vi)	пењати се	pénjati se
descer (vi)	спуштати се	spúštati se
mudar-se (vr)	преселити се	preséliti se

83. Casa. Entrada. Elevador

entrada (f)	улаз (м)	úlaz
escada (f)	степениште (с)	stépenište
degraus (m pl)	степенице (мн)	stépenice
corrimão (m)	ограда (ж) за степенице	ógrada za stépenice
hall (m) de entrada	хол (м)	hol
caixa (f) de correio	поштанско сандуче (с)	póštansko sánduče
lata (f) do lixo	канта (ж) за ђубре	kánta za đúbre
calha (f) de lixo	одводна цев (ж) за ђубре	ódvodna cev za đúbre
elevador (m)	лифт (м)	lift
elevador (m) de carga	теретни лифт (м)	téretni lift
cabine (f)	кабина (ж)	kabína
pegar o elevador	возити се лифтом	vóziti se líftom
apartamento (m)	стан (м)	stan
residentes (pl)	станари (мн)	stánari
vizinho (m)	комшија (м)	kómšija
vizinha (f)	комшиница (ж)	kómšinica
vizinhos (pl)	комшије (мн)	kómšije

84. Casa. Portas. Fechaduras

porta (f)	врата (мн)	vráta
portão (m)	капија (ж)	kápija
maçaneta (f)	квака (ж)	kváka
destrancar (vt)	откључати (пг)	otkljúčati
abrir (vt)	отварати (пг)	otvárati
fechar (vt)	затварати (пг)	zatvárati
chave (f)	кључ (м)	ključ
molho (m)	свежањ (м)	svéžanj
ranger (vi)	шкрипати (нг)	škrípati
rangido (m)	шкрипа (ж)	škrípa
dobradiça (f)	шарка (ж)	šárka
capacho (m)	отирач (м)	otírač
fechadura (f)	брава (ж)	bráva
buraco (m) da fechadura	кључаоница (ж)	ključaónica
barra (f)	засун (м)	zásun
fecho (ferrolho pequeno)	реза (ж)	réza
cadeado (m)	катанац (м)	kátanac
tocar (vt)	звонити (нг)	zvóniti
toque (m)	звоно (с)	zvóno
campainha (f)	звонце (с)	zvónce
botão (m)	дугме (с)	dúgme
batida (f)	куцање (с)	kúcanje
bater (vi)	куцати (нг)	kúcati

código (m)	код (м)	kod
fechadura (f) de código	брава (ж) са шифром	bráva sa šífrom
interfone (m)	интерфон (м)	ínterfon
número (m)	број (м)	broj
placa (f) de porta	плочица (ж) на вратима	plóčica na vrátima
olho (m) mágico	шпијунка (ж)	špíjunka

85. Casa de campo

aldeia (f)	село (с)	sélo
horta (f)	повртњак (м)	póvrtnjak
cerca (f)	ограда (ж)	ógrada
cerca (f) de piquete	дрвена ограда (ж)	dŕvena ógrada
portão (f) do jardim	капија (ж), капиџик (м)	kápija, kapídžik
celeiro (m)	амбар (м)	ámbar
adega (f)	подрум (м)	pódrum
galpão, barracão (m)	шупа (ж)	šúpa
poço (m)	бунар (м)	búnar
fogão (m)	пећ (ж)	peć
atiçar o fogo	ложити пећ	lóžiti peć
lenha (carvão ou ~)	дрва (мн)	dŕva
acha, lenha (f)	цепаница (ж)	cépanica
varanda (f)	веранда (ж)	veránda
alpendre (m)	тераса (ж)	terása
degraus (m pl) de entrada	трем (м)	trem
balanço (m)	љуљашка (ж)	ljúljaška

86. Castelo. Palácio

castelo (m)	замак (м)	zámak
palácio (m)	палата (ж)	paláta
fortaleza (f)	тврђава (ж)	tvŕđava
muralha (f)	зид (м)	zid
torre (f)	кула (ж)	kúla
calabouço (m)	главна кула (ж)	glávna kúla
grade (f) levadiça	подизна решетка (ж)	pódizna réšetka
passagem (f) subterrânea	подземни пролаз (м)	pódzemni prólaz
fosso (m)	шанац (м)	šánac
corrente, cadeia (f)	ланац (м)	lánac
seteira (f)	пушкарница (ж)	púškarnica
magnífico (adj)	велелепан	velelépan
majestoso (adj)	величанствен	veličánstven
inexpugnável (adj)	неосвојив	neosvójiv
medieval (adj)	средњовековни	srednjovékovni

87. Apartamento

apartamento (m)	стан (м)	stan
quarto, cômodo (m)	соба (ж)	sóba
quarto (m) de dormir	спаваћа соба (ж)	spávaća sóba
sala (f) de jantar	трпезарија (ж)	trpezárija
sala (f) de estar	дневна соба (ж)	dnévna sóba
escritório (m)	кабинет (м)	kabínet
sala (f) de entrada	ходник (м)	hódnik
banheiro (m)	купатило (с)	kupátilo
lavabo (m)	тоалет (м)	toálet
teto (m)	плафон (м)	pláfon
chão, piso (m)	под (м)	pod
canto (m)	угао, ћошак (м)	úgao, ćóšak

88. Apartamento. Limpeza

arrumar, limpar (vt)	поспремати (пг)	posprémati
guardar (no armário, etc.)	склонити (пг)	sklóniti
pó (m)	прашина (ж)	prášina
empoeirado (adj)	прашњав	prášnjav
tirar o pó	брисати прашину	brísati prášinu
aspirador (m)	усисивач (м)	usisívač
aspirar (vt)	усисавати (нг, пг)	usisávati
varrer (vt)	мести (нг, пг)	mésti
sujeira (f)	прљавштина (ж)	prljávština
arrumação, ordem (f)	ред (м)	red
desordem (f)	неред (м)	néred
esfregão (m)	џогер (м)	džóger
pano (m), trapo (m)	крпа (ж)	kŕpa
vassoura (f)	метла (ж)	métla
pá (f) de lixo	ђубровник (м)	đúbrovnik

89. Mobiliário. Interior

mobiliário (m)	намештај (м)	námeštaj
mesa (f)	сто (м)	sto
cadeira (f)	столица (ж)	stólica
cama (f)	кревет (м)	krévet
sofá, divã (m)	диван (м)	dívan
poltrona (f)	фотеља (ж)	fotélja
estante (f)	орман (м) за књиге	órman za knjíge
prateleira (f)	полица (ж)	pólica
guarda-roupas (m)	орман (м)	órman
cabide (m) de parede	вешалица (ж)	véšalica

cabideiro (m) de pé	чивилук (м)	číviluk
cômoda (f)	комода (ж)	komóda
mesinha (f) de centro	столић (м) за кафу	stólic za kafu

espelho (m)	огледало (с)	oglédalo
tapete (m)	тепих (м)	tépih
tapete (m) pequeno	ћилимче (с)	ćilímče

lareira (f)	камин (м)	kámin
vela (f)	свећа (ж)	svéća
castiçal (m)	свећњак (м)	svéćnjak

cortinas (f pl)	завесе (мн)	závese
papel (m) de parede	тапете (мн)	tapéte
persianas (f pl)	ролетна (ж)	róletna

luminária (f) de mesa	стона лампа (ж)	stóna lámpa
luminária (f) de parede	зидна светиљка (ж)	zídna svétiljka
abajur (m) de pé	подна лампа (ж)	pódna lámpa
lustre (m)	лустер (м)	lúster

pé (de mesa, etc.)	нога (ж)	nóga
braço, descanso (m)	наслон (м) за руку	náslon za rúku
costas (f pl)	наслон (м)	náslon
gaveta (f)	фиока (ж)	fióka

90. Quarto de dormir

roupa (f) de cama	постељина (ж)	posteljína
travesseiro (m)	јастук (м)	jástuk
fronha (f)	јастучница (ж)	jástučnica
cobertor (m)	јорган (м)	jórgan
lençol (m)	чаршав (м)	čáršav
colcha (f)	покривач (м)	pokrívač

91. Cozinha

cozinha (f)	кухиња (ж)	kúhinja
gás (m)	гас (м)	gas
fogão (m) a gás	плински шпорет (м)	plínski špóret
fogão (m) elétrico	електрични шпорет (м)	eléktrični šporet
forno (m)	рерна (ж)	rérna
forno (m) de micro-ondas	микроталасна рерна (ж)	mikrotálasna rérna

geladeira (f)	фрижидер (м)	frížider
congelador (m)	замрзивач (м)	zamrzívač
máquina (f) de lavar louça	машина (ж) за прање судова	mašína za pránje súdova

moedor (m) de carne	млин (м) за месо	mlin za méso
espremedor (m)	соковник (м)	sókovnik
torradeira (f)	тостер (м)	tóster

batedeira (f)	миксер (м)	míkser
máquina (f) de café	апарат (м) за кафу	apárat za káfu
cafeteira (f)	лонче (с) за кафу	lónče za káfu
moedor (m) de café	млин (м) за кафу	mlin za káfu
chaleira (f)	кувало, чајник (м)	kúvalo, čájnik
bule (m)	чајник (м)	čájnik
tampa (f)	поклопац (м)	póklopac
coador (m) de chá	цедиљка (ж)	cédiljka
colher (f)	кашика (ж)	kášika
colher (f) de chá	кашичица (ж)	kášičica
colher (f) de sopa	супена кашика (ж)	súpena kášika
garfo (m)	виљушка (ж)	víljuška
faca (f)	нож (м)	nož
louça (f)	посуђе (с)	pósuđe
prato (m)	тањир (м)	tánjir
pires (m)	тацна (ж)	tácna
cálice (m)	чашица (ж)	čášica
copo (m)	чаша (ж)	čáša
xícara (f)	шоља (ж)	šólja
açucareiro (m)	шећерница (ж)	šéćernica
saleiro (m)	сланик (м)	slánik
pimenteiro (m)	биберница (ж)	bíbernica
manteigueira (f)	посуда (ж) за маслац	pósuda za máslac
panela (f)	шерпа (ж), лонац (м)	šerpa, lónac
frigideira (f)	тигањ (м)	tíganj
concha (f)	кутлача (ж)	kútlača
coador (m)	цедиљка (ж)	cédiljka
bandeja (f)	послужавник (м)	poslúžavnik
garrafa (f)	боца, флаша (ж)	bóca, fláša
pote (m) de vidro	тегла (ж)	tégla
lata (~ de cerveja)	лименка (ж)	límenka
abridor (m) de garrafa	отварач (м)	otvárač
abridor (m) de latas	отварач (м)	otvárač
saca-rolhas (m)	вадичеп (м)	vádičep
filtro (m)	филтар (м)	fíltar
filtrar (vt)	филтрирати (пг)	filtrírati
lixo (m)	смеће, ђубре (с)	smeće, đúbre
lixeira (f)	канта (ж) за ђубре	kánta za đúbre

92. Casa de banho

banheiro (m)	купатило (с)	kupátilo
água (f)	вода (ж)	vóda
torneira (f)	славина (ж)	slávina
água (f) quente	топла вода (ж)	tópla vóda

água (f) fria	хладна вода (ж)	hládna vóda
pasta (f) de dente	паста (ж) за зубе	pásta za zúbe
escovar os dentes	прати зубе	práti zúbe
escova (f) de dente	четкица (ж) за зубе	čétkica za zúbe
barbear-se (vr)	бријати се	bríjati se
espuma (f) de barbear	пена (ж) за бријање	péna za bríjanje
gilete (f)	бријач (м)	bríjač
lavar (vt)	прати (пг)	práti
tomar banho	купати се	kúpati se
chuveiro (m), ducha (f)	туш (м)	tuš
tomar uma ducha	тушамрати се	tušírati se
banheira (f)	када (ж)	káda
vaso (m) sanitário	ВЦ шоља (ж)	VC šólja
pia (f)	лавабо (м)	lavábo
sabonete (m)	сапун (м)	sápun
saboneteira (f)	кутија (ж) за сапун	kútija za sápun
esponja (f)	сунђер (м)	súnđer
xampu (m)	шампон (м)	šámpon
toalha (f)	пешкир (м)	péškir
roupão (m) de banho	баде мантил (м)	báde mántil
lavagem (f)	прање (с)	pránje
lavadora (f) de roupas	веш машина (ж)	veš mašína
lavar a roupa	прати веш	práti veš
detergente (m)	прашак (м) за веш	prášak za veš

93. Eletrodomésticos

televisor (m)	телевизор (м)	televízor
gravador (m)	касетофон (м)	kasetofon
videogravador (m)	видео рекордер (м)	vídeo rekórder
rádio (m)	радио (м)	rádio
leitor (m)	плејер (м)	pléjer
projetor (m)	видео пројектор (м)	vídeo projéktor
cinema (m) em casa	кућни биоскоп (м)	kúćni bíoskop
DVD Player (m)	ДВД плејер (м)	DVD plejer
amplificador (m)	појачало (с)	pojáčalo
console (f) de jogos	играћа конзола (ж)	ígraća konzóla
câmera (f) de vídeo	видеокамера (ж)	vídeokámera
máquina (f) fotográfica	фотоапарат (м)	fotoapárat
câmera (f) digital	дигитални фотоапарат (м)	dígitalni fotoapárat
aspirador (m)	усисивач (м)	usisívač
ferro (m) de passar	пегла (ж)	pégla
tábua (f) de passar	даска (ж) за пеглање	dáska za pégljanje
telefone (m)	телефон (м)	teléfon
celular (m)	мобилни телефон (м)	móbilni teléfon

máquina (f) de escrever	писаћа машина (ж)	písaća mašína
máquina (f) de costura	шиваћа машина (ж)	šívaća mašína
microfone (m)	микрофон (м)	míkrofon
fone (m) de ouvido	слушалице (мн)	slúšalice
controle remoto (m)	даљински управљач (м)	daljínski uprávljač
CD (m)	ЦД диск (м)	CD disk
fita (f) cassete	касета (ж)	kaséta
disco (m) de vinil	плоча (ж)	plóča

94. Reparações. Renovação

renovação (f)	реновирање (с)	renovíranje
renovar (vt), fazer obras	реновирати (nг)	renovírati
reparar (vt)	поправљати (nг)	pópravljati
consertar (vt)	доводити у ред	dovóditi u red
refazer (vt)	поново урадити	pónovo uráditi
tinta (f)	фарба (ж)	fárba
pintar (vt)	бојити (nг)	bójiti
pintor (m)	молер (м)	móler
pincel (m)	четка (ж)	čétka
cal (f)	белило (с), креч (м)	bélilo, kreč
caiar (vt)	белити (нг)	béliti
papel (m) de parede	тапете (мн)	tapéte
colocar papel de parede	налепити тапете	nálepiti tapéte
verniz (m)	лак (м)	lak
envernizar (vt)	лакирати	lakírati

95. Canalizações

água (f)	вода (ж)	vóda
água (f) quente	топла вода (ж)	tópla vóda
água (f) fria	хладна вода (ж)	hládna vóda
torneira (f)	славина (ж)	slávina
gota (f)	кап (ж)	kap
gotejar (vi)	капати (нг)	kápati
vazar (vt)	цурити (нг)	cúriti
vazamento (m)	цурење (с)	cúrenje
poça (f)	бара (ж)	bára
tubo (m)	цев (ж)	cev
válvula (f)	вентил (м)	véntil
entupir-se (vr)	зачепити се	začépiti se
ferramentas (f pl)	алати (мн)	álati
chave (f) inglesa	подешавајући кључ (м)	podešávajući ključ
desenroscar (vt)	одврнути (nг)	odvŕnuti

enroscar (vt)	заврнути, стегнути (пг)	závrnuti, stégnuti
desentupir (vt)	отпушити (пг)	otpúšiti
encanador (m)	водоинсталатер (м)	vodoinstaláter
porão (m)	подрум (м)	pódrum
rede (f) de esgotos	канализација (ж)	kanalizácija

96. Fogo. Deflagração

incêndio (m)	пожар (м)	póžar
chama (f)	пламен (м)	plámen
faísca (f)	искра (ж)	ískra
fumaça (f)	дим (м)	dim
tocha (f)	бакља (ж)	báklja
fogueira (f)	логорска ватра (ж)	lógorska vátra
gasolina (f)	бензин (м)	bénzin
querosene (m)	керозин (м)	kerózin
inflamável (adj)	запаљив	zápaljiv
explosivo (adj)	експлозиван	éksplozivan
PROIBIDO FUMAR!	ЗАБРАЊЕНО ПУШЕЊЕ	ZABRANJENO PUŠENJE
segurança (f)	безбедност (ж)	bezbédnost
perigo (m)	опасност (ж)	opásnost
perigoso (adj)	опасан	ópasan
incendiar-se (vr)	запалити се	zapáliti se
explosão (f)	експлозија (ж)	eksplózija
incendiar (vt)	запалити (пг)	zapáliti
incendiário (m)	потпаљивач (м)	potpaljívač
incêndio (m) criminoso	палеж (м), паљевина (ж)	pálež, páljevina
flamejar (vi)	пламтети (нг)	plámteti
queimar (vi)	горети (нг)	góreti
queimar tudo (vi)	изгорети (нг)	izgóreti
chamar os bombeiros	позвати ватрогасце	pózvati vátrogasce
bombeiro (m)	ватрогасац (м)	vatrogásac
caminhão (m) de bombeiros	ватрогасно возило (с)	vátrogasno vózilo
corpo (m) de bombeiros	ватрогасна бригада (ж)	vátrogasna brigáda
escada (f) extensível	ватрогасне мердевине (мн)	vátrogasne mérdevine
mangueira (f)	црево (с)	crévo
extintor (m)	противпожарни апарат (м)	protivpóžarni apárat
capacete (m)	шлем (м)	šlem
sirene (f)	сирена (ж)	siréna
gritar (vi)	викати (нг)	víkati
chamar por socorro	звати у помоћ	zváti u pómoć
socorrista (m)	спасилац (м)	spásilac
salvar, resgatar (vt)	спасавати (пг)	spasávati
chegar (vi)	пристићи (нг)	prístići
apagar (vt)	гасити (пг)	gásiti

| água (f) | вода (ж) | vóda |
| areia (f) | песак (м) | pésak |

ruínas (f pl)	рушевине (мн)	rúševine
ruir (vi)	срушити се	srúšiti se
desmoronar (vi)	срушити се	srúšiti se
desabar (vi)	срушити се	srúšiti se

| fragmento (m) | крхотина (ж) | krhótina |
| cinza (f) | пепео (м) | pépeo |

| sufocar (vi) | загушити се | zagušiti se |
| perecer (vi) | погинути (нг) | póginuti |

ATIVIDADES HUMANAS

Emprego. Negócios. Parte 1

97. Banca

banco (m)	банка (ж)	bánka
balcão (f)	експозитура (ж)	ekspozitúra
consultor (m) bancário	банкарски службеник (м)	bánkarski slúžbenik
gerente (m)	менаџер (м)	ménadžer
conta (f)	рачун (м)	ráčun
número (m) da conta	број (м) рачуна	broj račúna
conta (f) corrente	текући рачун (м)	tékući ráčun
conta (f) poupança	штедни рачун (м)	štédni ráčun
abrir uma conta	отворити рачун	ótvoriti ráčun
fechar uma conta	затворити рачун	zatvóriti ráčun
depositar na conta	поставити на рачун	póstaviti na ráčun
sacar (vt)	подићи са рачуна	pódići sa račúna
depósito (m)	депозит (м)	depózit
fazer um depósito	ставити новац на рачун	stáviti nóvac na ráčun
transferência (f) bancária	трансфер (м) новца	tránsfer nóvca
transferir (vt)	послати новац	póslati nóvac
soma (f)	износ (м)	íznos
Quanto?	Колико?	Kolíko?
assinatura (f)	потпис (м)	pótpis
assinar (vt)	потписати (пг)	potpísati
cartão (m) de crédito	кредитна картица (ж)	kréditna kártica
senha (f)	код (м)	kod
número (m) do cartão de crédito	број (м) кредитне картице	broj kréditne kártice
caixa (m) eletrônico	банкомат (м)	bánkomat
cheque (m)	чек (м)	ček
passar um cheque	написати чек	napísati ček
talão (m) de cheques	чековна књижица (ж)	čékovna knjížica
empréstimo (m)	кредит (м)	krédit
pedir um empréstimo	затражити кредит	zátražiti krédit
obter empréstimo	узимати кредит	uzímati krédit
dar um empréstimo	давати кредит	dávati krédit
garantia (f)	гаранција (ж)	garáncija

98. Telefone. Conversação telefônica

telefone (m)	телефон (м)	teléfon
celular (m)	мобилни телефон (м)	móbilni teléfon
secretária (f) eletrônica	секретарица (ж)	sekretárica
fazer uma chamada	звати (пг)	zváti
chamada (f)	позив (м)	póziv
discar um número	позвати број	pózvati broj
Alô!	Хало!	Hálo!
perguntar (vt)	упитати (пг)	upítati
responder (vt)	јавити се	jáviti se
ouvir (vt)	чути (нг, пг)	čúti
bem	добро	dóbro
mal	лоше	loše
ruído (m)	сметње (мн)	smétnje
fone (m)	слушалица (ж)	slúšalica
pegar o telefone	подићи слушалицу	pódići slúšalicu
desligar (vi)	спустити слушалицу	spústiti slúšalicu
ocupado (adj)	заузето	záuzeto
tocar (vi)	звонити (нг)	zvóniti
lista (f) telefônica	телефонски именик (м)	teléfonski ímenik
local (adj)	локалан	lókalan
chamada (f) local	локални позив (м)	lókalni póziv
de longa distância	међуградски	međugrádski
chamada (f) de longa distância	међуградски позив (м)	međugrádski póziv
internacional (adj)	међународни	međunárodni
chamada (f) internacional	међународни позив (м)	međunárodni póziv

99. Telefone móvel

celular (m)	мобилни телефон (м)	móbilni teléfon
tela (f)	дисплеј (м)	displéj
botão (m)	дугме (е)	dúgme
cartão SIM (m)	СИМ картица (ж)	SIM kártica
bateria (f)	батерија (ж)	báterija
descarregar-se (vr)	испразнити се	isprázniti se
carregador (m)	пуњач (м)	púnjač
menu (m)	мени (м)	méni
configurações (f pl)	подешавања (мн)	podešávanja
melodia (f)	мелодија (ж)	mélodija
escolher (vt)	изабрати (пг)	izábrati
calculadora (f)	калкулатор (м)	kalkulátor
correio (m) de voz	говорна пошта (ж)	góvorna pošta

despertador (m)	будилник (м)	búdilnik
contatos (m pl)	контакти (мн)	kóntakti
mensagem (f) de texto	СМС порука (ж)	SMS póruka
assinante (m)	претплатник (м)	prétplatnik

100. Estacionário

caneta (f)	хемијска оловка (ж)	hémijska ólovka
caneta (f) tinteiro	наливперо (с)	nálivpero
lápis (m)	оловка (ж)	ólovka
marcador (m) de texto	маркер (м)	márker
caneta (f) hidrográfica	фломастер (м)	flómaster
bloco (m) de notas	нотес (м)	nótes
agenda (f)	роковник (м)	rokóvnik
régua (f)	лењир (м)	lénjir
calculadora (f)	калкулатор (м)	kalkulátor
borracha (f)	гумица (ж)	gúmica
alfinete (m)	пајснадла (ж)	pájsnadla
clipe (m)	спајалица (ж)	spájalica
cola (f)	лепак (м)	lépak
grampeador (m)	хефталица (ж)	héftalica
furador (m) de papel	бушилица (ж) за папир	búšilica za pápir
apontador (m)	резач (м)	rézač

Emprego. Negócios. Parte 2

101. Media

jornal (m)	новине (мн)	nóvine
revista (f)	часопис (м)	čásopis
imprensa (f)	штампа (ж)	štámpa
rádio (m)	радио (м)	rádio
estação (f) de rádio	радио станица (ж)	rádio stánica
televisão (f)	телевизија (ж)	televízija
apresentador (m)	водитељ (м)	vóditelj
locutor (m)	спикер (м)	spíker
comentarista (m)	коментатор (м)	koméntator
jornalista (m)	новинар (м)	nóvinar
correspondente (m)	дописник (м)	dópisnik
repórter (m) fotográfico	фоторепортер (м)	fotorepórter
repórter (m)	репортер (м)	repórter
redator (m)	уредник (м)	úrednik
redator-chefe (m)	главни уредник (м)	glávni úrednik
assinar a ...	претплатити се	pretplátiti se
assinatura (f)	претплата (ж)	prétplata
assinante (m)	претплатник (м)	prétplatnik
ler (vt)	читати (нг, пг)	čítati
leitor (m)	читалац (м)	čítalac
tiragem (f)	тираж (м)	tíraž
mensal (adj)	месечни	mésečni
semanal (adj)	недељни	nédeljni
número (jornal, revista)	број (м)	broj
recente, novo (adj)	нов	nov
manchete (f)	наслов (м)	náslov
pequeno artigo (m)	чланак (м)	člának
coluna (~ semanal)	рубрика (ж)	rúbrika
artigo (m)	чланак (м)	člának
página (f)	страна (ж)	strána
reportagem (f)	репортажа (ж)	reportáža
evento (festa, etc.)	догађај (м)	dógađaj
sensação (f)	сензација (ж)	senzácija
escândalo (m)	скандал (м)	skándal
escandaloso (adj)	скандалозан	skándalozan
grande (adj)	велики	véliki
programa (m)	емисија (ж)	emísija
entrevista (f)	интервју (м)	intérvju

transmissão (f) ao vivo	директан пренос (м)	diréktan prénos
canal (m)	канал (м)	kánal

102. Agricultura

agricultura (f)	пољопривреда (ж)	poljoprívreda
camponês (m)	сељак (м)	séljak
camponesa (f)	сељанка (ж)	séljanka
agricultor, fazendeiro (m)	фармер (м)	fármer
trator (m)	трактор (м)	tráktor
colheitadeira (f)	комбајн (м)	kómbajn
arado (m)	плуг (м)	plug
arar (vt)	орати (пг)	órati
campo (m) lavrado	ораница (ж)	óranica
sulco (m)	бразда (ж)	brázda
semear (vt)	сејати (нг, пг)	séjati
plantadeira (f)	сејалица (ж)	séjalica
semeadura (f)	сетва (ж)	sétva
foice (m)	коса (ж)	kósa
cortar com foice	косити (пг)	kósiti
pá (f)	лопата (ж)	lópata
cavar (vt)	орати (пг)	órati
enxada (f)	мотика (ж)	mótika
capinar (vt)	плевити (пг)	pléviti
erva (f) daninha	коров (м)	kórov
regador (m)	канта (ж) за заливање	kánta za zalívanje
regar (plantas)	заливати (пг)	zalívati
rega (f)	заливање (с)	zalívanje
forquilha (f)	виле (ж)	víle
ancinho (m)	грабуље (мн)	grábulje
fertilizante (m)	ђубриво (с)	đúbrivo
fertilizar (vt)	ђубрити (пг)	đúbriti
estrume, esterco (m)	балега (ж)	bálega
campo (m)	поље (с)	pólje
prado (m)	ливада (ж)	lívada
horta (f)	повртњак (м)	póvrtnjak
pomar (m)	воћњак (м)	vóćnjak
pastar (vt)	пасти (пг)	pásti
pastor (m)	пастир, чобан (м)	pástir, čóban
pastagem (f)	пашњак (м)	pášnjak
pecuária (f)	сточарство (с)	stočárstvo
criação (f) de ovelhas	овчарство (с)	ovčárstvo

plantação (f)	плантажа (ж)	plantáža
canteiro (m)	гредица (ж)	grédica
estufa (f)	стакленик (м)	stáklenik

| seca (f) | суша (ж) | súša |
| seco (verão ~) | сушан | súšan |

grão (m)	зрно (с)	zŕno
cereais (m pl)	житарице (мн)	žitárice
colher (vt)	брати (пг)	bráti

moleiro (m)	млинар (м)	mlínar
moinho (m)	млин (м)	mlin
moer (vt)	мљети (пг)	mljéti
farinha (f)	брашно (с)	brášno
palha (f)	слама (ж)	sláma

103. Construção. Processo de construção

canteiro (m) de obras	градилиште (с)	grádilište
construir (vt)	градити (пг)	gráditi
construtor (m)	грађевинар (м)	građevínar

projeto (m)	пројекат (м)	projékat
arquiteto (m)	архитекта (м)	arhitékta
operário (m)	радник (м)	rádnik

fundação (f)	темељ (м)	témelj
telhado (m)	кров (м)	krov
estaca (f)	шип (м)	šip
parede (f)	зид (м)	zid

| colunas (f pl) de sustentação | арматура (ж) | armatúra |
| andaime (m) | скеле (мн) | skéle |

concreto (m)	бетон (м)	béton
granito (m)	гранит (м)	gránit
pedra (f)	камен (м)	kámen
tijolo (m)	опека, цигла (ж)	ópeka, cígla

areia (f)	песак (м)	pésak
cimento (m)	цемент (м)	cément
emboço, reboco (m)	малтер (м)	málter
emboçar, rebocar (vt)	малтерисати (пг)	maltérisati
tinta (f)	фарба (ж)	fárba
pintar (vt)	бојити (пг)	bójiti
barril (m)	буре (с)	búre

grua (f), guindaste (m)	дизалица (ж)	dízalica
erguer (vt)	дизати (пг)	dízati
baixar (vt)	спуштати (пг)	spúštati

| buldózer (m) | булдожер (м) | búldožer |
| escavadora (f) | багер (м) | báger |

caçamba (f)	кашика (ж)	kášika
escavar (vt)	копати (пг)	kópati
capacete (m) de proteção	шлем (м)	šlem

Profissões e ocupações

trabalho (m)	посао (м)	pósao
equipe (f)	особље (c)	ósoblje
pessoal (m)	особље (c)	ósoblje
carreira (f)	каријера (ж)	karijéra
perspectivas (f pl)	изгледи (мн)	ízgledi
habilidades (f pl)	мајсторство (c)	májstorstvo
seleção (f)	одабирање (c)	odábiranje
agência (f) de emprego	регрутна агенција (ж)	régrutna agéncija
currículo (m)	резиме (м)	rezíme
entrevista (f) de emprego	разговор (м) за посао	rázgovor za pósao
vaga (f)	слободно место (c)	slóbodno mésto
salário (m)	плата, зарада (ж)	pláta, zárada
salário (m) fixo	фиксна зарада (ж)	fíksna zárada
pagamento (m)	плата (ж)	pláta
cargo (m)	положај (м)	póložaj
dever (do empregado)	дужност (ж)	dúžnost
gama (f) de deveres	радни задаци (мн)	rádni zadáci
ocupado (adj)	заузет	záuzet
despedir, demitir (vt)	отпустити (пг)	otpústiti
demissão (f)	отпуст (м)	ótpust
desemprego (m)	незапосленост (ж)	nezáposlenost
desempregado (m)	незапослен (м)	nezáposlen
aposentadoria (f)	пензија (ж)	pénzija
aposentar-se (vr)	отићи у пензију	ótići u pénziju

diretor (m)	директор (м)	dírektor
gerente (m)	менаџер (м)	ménadžer
patrão, chefe (m)	шеф (м)	šef
superior (m)	шеф, начелник (м)	šef, náčelnik
superiores (m pl)	руководство (c)	rúkovodstvo
presidente (m)	председник (м)	prédsednik
chairman (m)	председник (м)	prédsednik
substituto (m)	заменик (м)	zámenik
assistente (m)	помоћник (м)	pomóćnik
secretário (m)	секретар (м),	sekrétar,
	секретарица (ж)	sekretárica

secretário (m) pessoal	лични секретар (м)	líčni sekrétar
homem (m) de negócios	бизнисмен (м)	bíznismen
empreendedor (m)	предузетник (м)	preduzétnik
fundador (m)	оснивач (м)	osnívač
fundar (vt)	основати (пг)	osnóvati

principiador (m)	оснивач (м)	osnívač
parceiro, sócio (m)	партнер (м)	pártner
acionista (m)	акционар (м)	akciónar

milionário (m)	милионер (м)	milióner
bilionário (m)	милијардер (м)	milijárder
proprietário (m)	власник (м)	vlásnik
proprietário (m) de terras	земљопоседник (м)	zemljopósednik

cliente (m)	клијент (м)	klíjent
cliente (m) habitual	стална муштерија (м)	stálna múšterija
comprador (m)	купац (м)	kúpac
visitante (m)	посетилац (м)	posétilac

profissional (m)	професионалац (м)	profesionálac
perito (m)	експерт (м)	ékspert
especialista (m)	стручњак (м)	strúčnjak

| banqueiro (m) | банкар (м) | bánkar |
| corretor (m) | брокер (м) | bróker |

caixa (m, f)	благајник (м)	blágajnik
contador (m)	књиговођа (м)	knjígovođa
guarda (m)	чувар (м)	čúvar

investidor (m)	инвеститор (м)	invéstitor
devedor (m)	дужник (м)	dúžnik
credor (m)	зајмодавац, поверилац (м)	zajmodávac, povérilac
mutuário (m)	зајмопримац (м)	zajmoprímac

| importador (m) | увозник (м) | úvoznik |
| exportador (m) | извозник (м) | ízvoznik |

produtor (m)	произвођач (м)	proizvóđač
distribuidor (m)	дистрибутер (м)	distribúter
intermediário (m)	посредник (м)	pósrednik

consultor (m)	саветодавац (м)	savetodávac
representante comercial	представник (м)	prédstavnik
agente (m)	агент (м)	ágent
agente (m) de seguros	агент (м) осигурања	ágent osiguránja

106. Profissões de serviços

cozinheiro (m)	кувар (м)	kúvar
chefe (m) de cozinha	главни кувар (м)	glávni kúvar
padeiro (m)	пекар (м)	pékar
barman (m)	бармен (м)	bármen

| garçom (m) | конобар (м) | kónobar |
| garçonete (f) | конобарица (ж) | konobárica |

advogado (m)	адвокат (м)	advókat
jurista (m)	правник (м)	právnik
notário (m)	јавни бележник (м)	jávni béležnik

eletricista (m)	електричар (м)	eléktričar
encanador (m)	водоинсталатер (м)	vodoinstaláter
carpinteiro (m)	столар (м)	stólar

massagista (m)	масер (м)	máser
massagista (f)	масерка (ж)	máserka
médico (m)	лекар (м)	lékar

taxista (m)	таксиста (м)	táksista
condutor (automobilista)	возач (м)	vózač
entregador (m)	курир (м)	kúrir

camareira (f)	собарица (ж)	sóbarica
guarda (m)	чувар (м)	čúvar
aeromoça (f)	стјуардеса (ж)	stjuardésa

professor (m)	учитељ (м)	účitelj
bibliotecário (m)	библиотекар (м)	bibliotékar
tradutor (m)	преводилац (м)	prevódilac
intérprete (m)	преводилац (м)	prevódilac
guia (m)	водич (м)	vódič

cabeleireiro (m)	фризер (м)	frízer
carteiro (m)	поштар (м)	póštar
vendedor (m)	продавач (м)	prodávač

jardineiro (m)	баштован (м)	báštovan
criado (m)	слуга (м)	slúga
criada (f)	слушкиња (ж)	slúškinja
empregada (f) de limpeza	чистачица (ж)	čistáčica

107. Profissões militares e postos

soldado (m) raso	редов (м)	rédov
sargento (m)	наредник (м)	nárednik
tenente (m)	поручник (м)	póručnik
capitão (m)	капетан (м)	kapétan

major (m)	мајор (м)	májor
coronel (m)	пуковник (м)	púkovnik
general (m)	генерал (м)	genéral
marechal (m)	маршал (м)	máršal
almirante (m)	адмирал (м)	admíral

militar (m)	војно лице (с)	vójno líce
soldado (m)	војник (м)	vójnik
oficial (m)	официр (м)	ofícir

comandante (m)	командант (м)	komándant
guarda (m) de fronteira	граничар (м)	gráničar
operador (m) de rádio	радио оператер (м)	rádio operáter
explorador (m)	извиђач (м)	izvíđač
sapador-mineiro (m)	деминер (м)	demíner
atirador (m)	стрелац (м)	strélac
navegador (m)	навигатор (м)	navígator

108. Oficiais. Padres

| rei (m) | краљ (м) | kralj |
| rainha (f) | краљица (ж) | králjica |

| príncipe (m) | принц (м) | princ |
| princesa (f) | принцеза (ж) | princéza |

| czar (m) | цар (м) | car |
| czarina (f) | царица (ж) | cárica |

presidente (m)	председник (м)	prédsednik
ministro (m)	министар (м)	mínistar
primeiro-ministro (m)	премијер (м)	prémijer
senador (m)	сенатор (м)	sénator

diplomata (m)	дипломат (м)	diplómat
cônsul (m)	конзул (м)	kónzul
embaixador (m)	амбасадор (м)	ambásador
conselheiro (m)	саветник (м)	sávetnik

funcionário (m)	чиновник (м)	činóvnik
prefeito (m)	префект (м)	préfekt
Presidente (m) da Câmara	градоначелник (м)	gradonáčelnik

| juiz (m) | судија (м) | súdija |
| procurador (m) | тужилац (м) | túžilac |

missionário (m)	мисионар (м)	misiónar
monge (m)	монах (м)	mónah
abade (m)	опат (м)	ópat
rabino (m)	рабин (м)	rábin

vizir (m)	везир (м)	vézir
xá (m)	шах (м)	šah
xeique (m)	шеик (м)	šéik

109. Profissões agrícolas

abelheiro (m)	пчелар (м)	pčélar
pastor (m)	пастир, чобан (м)	pástir, čóban
agrônomo (m)	агроном (м)	agrónom
criador (m) de gado	сточар (м)	stóčar
veterinário (m)	ветеринар (м)	veterínar

agricultor, fazendeiro (m)	фармер (м)	fármer
vinicultor (m)	винар (м)	vínar
zoólogo (m)	зоолог (м)	zoólog
vaqueiro (m)	каубој (м)	káuboj

110. Profissões artísticas

| ator (m) | глумац (м) | glúmac |
| atriz (f) | глумица (ж) | glúmica |

| cantor (m) | певач (м) | pévač |
| cantora (f) | певачица (ж) | peváčica |

| bailarino (m) | плесач (м) | plésač |
| bailarina (f) | плесачица (ж) | plesáčica |

| artista (m) | Уметник (м) | Úmetnik |
| artista (f) | Уметница (ж) | Úmetnica |

músico (m)	музичар (м)	múzičar
pianista (m)	пијаниста (м)	pijanísta
guitarrista (m)	гитариста (м)	gitárista

maestro (m)	диригент (м)	dírigent
compositor (m)	композитор (м)	kompózitor
empresário (m)	импресарио (м)	impresário

diretor (m) de cinema	редитељ (м)	réditelj
produtor (m)	продуцент (м)	prodúcent
roteirista (m)	сценариста (м)	scenárista
crítico (m)	критичар (м)	krítičar

escritor (m)	писац (м)	písac
poeta (m)	песник (м)	pésnik
escultor (m)	вајар (м)	vájar
pintor (m)	сликар (м)	slíkar

malabarista (m)	жонглер (м)	žóngler
palhaço (m)	кловн (м)	klovn
acrobata (m)	акробата (м)	akróbata
ilusionista (m)	мађионичар (м)	mađióničar

111. Várias profissões

médico (m)	лекар (м)	lékar
enfermeira (f)	медицинска сестра (ж)	médicinska séstra
psiquiatra (m)	психијатар (м)	psihijátar
dentista (m)	стоматолог (м)	stomatólog
cirurgião (m)	хирург (м)	hírurg

| astronauta (m) | астронаут (м) | astronáut |
| astrônomo (m) | астроном (м) | astrónom |

piloto (m)	пилот (м)	pílot
motorista (m)	возач (м)	vózač
maquinista (m)	машиновођа (м)	mašinóvođa
mecânico (m)	механичар (м)	mehániĉar
mineiro (m)	рудар (м)	rúdar
operário (m)	радник (м)	rádnik
serralheiro (m)	бравар (м)	brávar
marceneiro (m)	столар (м)	stólar
torneiro (m)	стругар (м)	strúgar
construtor (m)	грађевинар (м)	građevínar
soldador (m)	варилац (м)	várilac
professor (m)	професор (м)	prófesor
arquiteto (m)	архитекта (м)	arhitékta
historiador (m)	историчар (м)	istóriĉar
cientista (m)	научник (м)	náuĉnik
físico (m)	физичар (м)	fíziĉar
químico (m)	хемичар (м)	hémiĉar
arqueólogo (m)	археолог (м)	arheólog
geólogo (m)	геолог (м)	geólog
pesquisador (cientista)	истраживач (м)	istražívaĉ
babysitter, babá (f)	дадиља (ж)	dádilja
professor (m)	учитељ, наставник (м)	úĉitelj, nástavnik
redator (m)	уредник (м)	úrednik
redator-chefe (m)	главни уредник (м)	glávni úrednik
correspondente (m)	дописник (м)	dópisnik
datilógrafa (f)	дактилографкиња (ж)	daktilógrafkinja
designer (m)	дизајнер (м)	dizájner
especialista (m) em informática	компјутерски стручњак (м)	kompjúterski strúĉnjak
programador (m)	програмер (м)	prográmer
engenheiro (m)	инжењер (м)	inžénjer
marujo (m)	поморац, морнар (м)	pómorac, mórnar
marinheiro (m)	морнар (м)	mórnar
socorrista (m)	спасилац (м)	spásilac
bombeiro (m)	ватрогасац (м)	vatrogásac
polícia (m)	полицајац (м)	policájac
guarda-noturno (m)	чувар (м)	ĉúvar
detetive (m)	детектив (м)	detéktiv
funcionário (m) da alfândega	цариник (м)	cárinik
guarda-costas (m)	телохранитељ (м)	telohránitelj
guarda (m) prisional	чувар (м)	ĉúvar
inspetor (m)	инспектор (м)	ínspektor
esportista (m)	спортиста (м)	sportísta
treinador (m)	тренер (м)	tréner
açougueiro (m)	касапин (м)	kásapin
sapateiro (m)	обућар (м)	óbućar

| comerciante (m) | трговац (м) | tŕgovac |
| carregador (m) | утоваривач (м) | utovarívač |

| estilista (m) | модни креатор (м) | módni kreátor |
| modelo (f) | манекенка (ж) | manékenka |

112. Ocupações. Estatuto social

| estudante (≈ de escola) | ђак (м) | đak |
| estudante (~ universitária) | студент (м) | stúdent |

filósofo (m)	филозоф (м)	filózof
economista (m)	економиста (м)	ekonómista
inventor (m)	проналазач (м)	pronalázač

desempregado (m)	незапослен (м)	nezáposlen
aposentado (m)	пензионер (м)	penzióner
espião (m)	шпијун (м)	špíjun

preso, prisioneiro (m)	затвореник (м)	zatvorénik
grevista (m)	штрајкач (м)	štrájkač
burocrata (m)	бирократа (м)	birókrata
viajante (m)	путник (м)	pútnik

homossexual (m)	хомосексуалац (м)	homoseksuálac
hacker (m)	хакер (м)	háker
hippie (m, f)	хипији (мн)	hípiji

bandido (m)	бандит (м)	bándit
assassino (m)	плаћени убица (м)	pláćeni úbica
drogado (m)	наркоман (м)	nárkoman
traficante (m)	продавац (м) дроге	prodávac dróge
prostituta (f)	проститутка (ж)	próstitutka
cafetão (m)	макро (м)	mákro

bruxo (m)	чаробњак (м)	čaróbnjak
bruxa (f)	чаробница (ж)	čárobnica
pirata (m)	гусар (м)	gúsar
escravo (m)	роб (м)	rob
samurai (m)	самурај (м)	samúraj
selvagem (m)	дивљак (м)	dívljak

Desportos

esportista (m)	спортиста (м)	sportísta
tipo (m) de esporte	врста (ж) спорта	vŕsta spórta
basquete (m)	кошарка (ж)	kóšarka
jogador (m) de basquete	кошаркаш (м)	košárkaš
beisebol (m)	бејзбол (м)	béjzbol
jogador (m) de beisebol	играч бејзбола (м)	ígrač béjzbola
futebol (m)	фудбал (м)	fúdbal
jogador (m) de futebol	фудбалер (м)	fudbáler
goleiro (m)	голман (м)	gólman
hóquei (m)	хокеј (м)	hókej
jogador (m) de hóquei	хокејаш (м)	hokéjaš
vôlei (m)	одбојка (ж)	ódbojka
jogador (m) de vôlei	одбојкаш (м)	odbójkaš
boxe (m)	бокс (м)	boks
boxeador (m)	боксер (м)	bókser
luta (f)	рвање (с), борба (ж)	rvánje, bórba
lutador (m)	рвач (м)	ŕvač
caratê (m)	карате (м)	karáte
carateca (m)	каратиста (м)	karátista
judô (m)	џудо (с)	džúdo
judoca (m)	џудиста (м)	džudísta
tênis (m)	тенис (м)	ténis
tenista (m)	тенисер (м)	téniser
natação (f)	пливање (с)	plívanje
nadador (m)	пливач (м)	plívač
esgrima (f)	мачевање (с)	mačévanje
esgrimista (m)	мачевалац (м)	mačévalac
xadrez (m)	шах (м)	šah
jogador (m) de xadrez	шахиста (м)	šahísta
alpinismo (m)	планинарење (с)	planinárenje
alpinista (m)	планинар (м)	planínar
corrida (f)	трчање (с)	tŕčanje

corredor (m)	тркач (м)	tŕkač
atletismo (m)	лака атлетика (ж)	láka atlétika
atleta (m)	атлетичар (м)	atlétičar
hipismo (m)	jахање (с)	jáhanje
cavaleiro (m)	jахач (м)	jáhač
patinação (f) artística	уметничко клизање (с)	umétničko klízanje
patinador (m)	Клизач (м)	Klízač
patinadora (f)	клизачица (ж)	klizáčica
halterofilismo (m)	дизање (с) тегова	dízanje tégova
halterofilista (m)	дизач (м) тегова	dízač tégova
corrida (f) de carros	аутомобилске трке (мн)	automóbilske tŕke
piloto (m)	возач (м)	vózač
ciclismo (m)	бициклизам (м)	biciklízam
ciclista (m)	бициклиста (м)	bicíklista
salto (m) em distância	скок (м) у даљ	skok u dalj
salto (m) com vara	скок (м) с мотком	skok s mótkom
atleta (m) de saltos	скакач (м)	skákač

114. Tipos de desportos. Diversos

futebol (m) americano	амерички фудбал (м)	américki fúdbal
badminton (m)	бадминтон (м)	bádminton
biatlo (m)	биатлон (м)	bíatlon
bilhar (m)	билиjар (м)	bilíjar
bobsled (m)	боб (м)	bob
musculação (f)	бодибилдинг (м)	bódibilding
polo (m) aquático	ватерполо (м)	váterpolo
handebol (m)	рукомет (м)	rúkomet
golfe (m)	голф (м)	golf
remo (m)	веслање (с)	véslanje
mergulho (m)	роњење (с)	rónjenje
corrida (f) de esqui	скиjашко трчање (с)	skíjaško tŕčanje
tênis (m) de mesa	стони тенис (м)	stóni ténis
vela (f)	jедрење (с)	jédrenje
rali (m)	рели (м)	réli
rúgbi (m)	рагби (м)	rágbi
snowboard (m)	сноуборд (м)	snóubord
arco-e-flecha (m)	стреличарство (с)	stréličarstvo

115. Ginásio

barra (f)	шипка (ж) за тегове	šípka za tégove
halteres (m pl)	бучице (мн)	búčice
aparelho (m) de musculação	справа (ж) за везбање	správa za vézbanje

bicicleta (f) ergométrica	собни бицикл (м)	sóbni bicíkl
esteira (f) de corrida	тркачка стаза (ж)	tŕkačka stáza
barra (f) fixa	вратило (с)	vrátilo
barras (f pl) paralelas	разбој (м)	rázboj
cavalo (m)	коњ (м)	konj
tapete (m) de ginástica	струњача (ж)	strúnjača
corda (f) de saltar	вијача (ж), уже (с)	víjača, úže
aeróbica (f)	аеробик (м)	aeróbik
ioga, yoga (f)	јога (ж)	jóga

116. Desportos. Diversos

Jogos (m pl) Olímpicos	Олимпијске игре (мн)	Olímpijske ígre
vencedor (m)	победник (м)	póbednik
vencer (vi)	побеђивати (нг)	pobeđívati
vencer (vi, vt)	победити (нг), добити (пг)	pobédíti, dóbiti
líder (m)	лидер (м)	líder
liderar (vt)	бити у вођству	bíti u vóđstvu
primeiro lugar (m)	прво место (с)	pŕvo mésto
segundo lugar (m)	друго место (с)	drúgo mésto
terceiro lugar (m)	треће место (с)	tréće mésto
medalha (f)	медаља (ж)	médalja
troféu (m)	трофеј (м)	trófej
taça (f)	куп (м)	kup
prêmio (m)	награда (ж)	nágrada
prêmio (m) principal	главна награда (ж)	glávna nágrada
recorde (m)	рекорд (м)	rékord
estabelecer um recorde	поставити рекорд	póstaviti rékord
final (m)	финале (с)	finále
final (adj)	финални	fínalni
campeão (m)	шампион (м)	šampíon
campeonato (m)	првенство (с)	prvénstvo
estádio (m)	стадион (м)	stádion
arquibancadas (f pl)	трибина (ж)	tríbina
fã, torcedor (m)	навијач (м)	navíjač
adversário (m)	противник (м)	prótivnik
partida (f)	старт (м)	start
linha (f) de chegada	циљ (м)	cilj
derrota (f)	пораз (м)	póraz
perder (vt)	изгубити (нг, пг)	izgúbiti
árbitro, juiz (m)	судија (м)	súdija
júri (m)	жири (м)	žíri

resultado (m)	резултат (м)	rezúltat
empate (m)	нерешена игра (ж)	neréšena ígra
empatar (vi)	одиграти нерешено	ódigrati nérešeno
ponto (m)	бод (м)	bod
resultado (m) final	резултат (м)	rezúltat

tempo (m)	период (м)	períod
intervalo (m)	одмор (м)	ódmor
doping (m)	допинг (м)	dóping
penalizar (vt)	кажњавати (пг)	kažnjávati
desqualificar (vt)	дисквалификовати (пг)	diskvalifikóvati

aparelho, aparato (m)	справа (ж)	správa
dardo (m)	копље (с)	kóplje
peso (m)	кугла (ж)	kúgla
bola (f)	кугла (ж)	kúgla

alvo, objetivo (m)	циљ (м)	cilj
alvo (~ de papel)	мета (ж)	méta
disparar, atirar (vi)	пуцати (нг)	púcati
preciso (tiro ~)	тачан	táčan

treinador (m)	тренер (м)	tréner
treinar (vt)	тренирати (пг)	trenírati
treinar-se (vr)	тренирати (нг)	trenírati
treino (m)	тренинг (м), вежбање (с)	tréning, véžbanje

academia (f) de ginástica	теретана (ж)	teretána
exercício (m)	вежба (ж)	véžba
aquecimento (m)	загревање (с)	zágrevanje

Educação

escola (f)	школа (ж)	škóla
diretor (m) de escola	директор (м)	dírektor
aluno (m)	ученик (м)	účeník
aluna (f)	ученица (ж)	účenica
estudante (m)	школарац, ђак (м)	škólarac, đak
estudante (f)	школарка, ђак (ж)	škólarka, đak
ensinar (vt)	учити (пг)	účiti
aprender (vt)	учити (пг)	účiti
decorar (vt)	учити напамет	účiti nápamet
estudar (vi)	учити (нг)	účiti
estar na escola	ходати у школу	hódati u škólu
ir à escola	ићи у школу	íći u škólu
alfabeto (m)	азбука, абецеда (ж)	ázbuka, abecéda
disciplina (f)	предмет (м)	prédmet
sala (f) de aula	учионица (ж)	učiónica
lição, aula (f)	час (м)	čas
recreio (m)	одмор (м)	ódmor
toque (m)	звоно (с)	zvóno
classe (f)	клупа (ж)	klúpa
quadro (m) negro	школска табла (ж)	škólska tábla
nota (f)	оцена (ж)	ócena
boa nota (f)	добра оцена (ж)	dóbra ócena
nota (f) baixa	лоша оцена (ж)	lóša ócena
dar uma nota	давати оцену	dávati ócenu
erro (m)	грешка (ж)	gréška
errar (vi)	правити грешке	práviti gréške
corrigir (~ um erro)	исправљати (пг)	íspravljati
cola (f)	пушкица (ж)	púškica
dever (m) de casa	домаћи задатак (м)	dómaći zadátak
exercício (m)	вежба (ж)	véžba
estar presente	присуствовати (нг)	prísustvovati
estar ausente	одсуствовати (нг)	ódsustvovati
faltar às aulas	пропуштати школу	propúštati škólu
punir (vt)	кажњавати (пг)	kažnjávati
punição (f)	казна (ж)	kázna
comportamento (m)	понашање (с)	ponášanje

boletim (m) escolar	ђачка књижица (ж)	đáčka knjížica
lápis (m)	оловка (ж)	ólovka
borracha (f)	гумица (ж)	gúmica
giz (m)	креда (ж)	kréda
porta-lápis (m)	перница (ж)	pérnica
mala, pasta, mochila (f)	торба (ж)	tórba
caneta (f)	оловка (ж)	ólovka
caderno (m)	свеска (ж)	svéska
livro (m) didático	уџбеник (м)	údžbenik
compasso (m)	шестар (м)	šéstar
traçar (vt)	цртати (нг, пг)	cŕtati
desenho (m) técnico	цртеж (м)	cŕtež
poesia (f)	песма (ж)	pésma
de cor	напамет	nápamet
decorar (vt)	учити напамет	účiti nápamet
férias (f pl)	распуст (м)	ráspust
estar de férias	бити на распусту	bíti na ráspustu
passar as férias	провести распуст	próvesti ráspust
teste (m), prova (f)	контролни рад (м)	kóntrolni rad
redação (f)	састав (м)	sástav
ditado (m)	диктат (м)	díktat
exame (m), prova (f)	испит (м)	íspit
fazer prova	полагати испит	polágati íspit
experiência (~ química)	експеримент (м)	eksperíment

118. Colégio. Universidade

academia (f)	академија (ж)	akadémija
universidade (f)	универзитет (м)	univerzitét
faculdade (f)	факултет (м)	fakúltet
estudante (m)	студент (м)	stúdent
estudante (f)	студенткиња (ж)	stúdentkinja
professor (m)	предавач (м)	predávač
auditório (m)	слушаоница (ж)	slušaónica
graduado (m)	дипломац (м)	diplómac
diploma (m)	диплома (ж)	diplóma
tese (f)	дисертација (ж)	disertácija
estudo (obra)	истраживање (с)	istraživanje
laboratório (m)	лабораторија (ж)	laboratórija
palestra (f)	предавање (с)	predávanje
colega (m) de curso	факултетски друг (м)	fakúltetski drug
bolsa (f) de estudos	стипендија (ж)	stipéndija
grau (m) acadêmico	академски степен (м)	ákademski stépen

119. Ciências. Disciplinas

matemática (f)	математика (ж)	matemátika
álgebra (f)	алгебра (ж)	álgebra
geometria (f)	геометрија (ж)	geométrija

astronomia (f)	астрономија (ж)	astronómija
biologia (f)	биологија (ж)	biológija
geografia (f)	географија (ж)	geográfija
geologia (f)	геологија (ж)	geológija
história (f)	историја (ж)	istórija

medicina (f)	медицина (ж)	medicína
pedagogia (f)	педагогија (ж)	pedagógija
direito (m)	право (c)	právo

física (f)	физика (ж)	fízika
química (f)	хемија (ж)	hémija
filosofia (f)	филозофија (ж)	filozófija
psicologia (f)	психологија (ж)	psihológija

120. Sistema de escrita. Ortografia

gramática (f)	граматика (ж)	gramátika
vocabulário (m)	лексикон (м)	léksikon
fonética (f)	фонетика (ж)	fonétika

substantivo (m)	именица (ж)	ímenica
adjetivo (m)	придев (м)	prídev
verbo (m)	глагол (м)	glágol
advérbio (m)	прилог (м)	prílog

pronome (m)	заменица (ж)	zámenica
interjeição (f)	узвик (м)	úzvik
preposição (f)	предлог (м)	prédlog

raiz (f)	корен (м) речи	koŕen réči
terminação (f)	наставак (м)	nástavak
prefixo (m)	префикс (м)	préfiks
sílaba (f)	слог (м)	slog
sufixo (m)	суфикс (м)	súfiks

| acento (m) | акцент (м) | ákcent |
| apóstrofo (f) | апостроф (м) | ápostrof |

ponto (m)	тачка (ж)	táčka
vírgula (f)	зарез (м)	zárez
ponto e vírgula (m)	тачка (ж) и зарез	táčka i zárez
dois pontos (m pl)	две тачке (мн)	dve táčke
reticências (f pl)	три тачке (мн)	tri táčke

| ponto (m) de interrogação | упитник (м) | úpitnik |
| ponto (m) de exclamação | ускличник, узвичник (м) | úskličnik, úzvičnik |

aspas (f pl)	наводници (мн)	návodnici
entre aspas	под наводницима	pod návodnicima
parênteses (m pl)	заграда (ж)	zágrada
entre parênteses	у загради	u zágradi

hífen (m)	цртица (ж)	cȓtica
travessão (m)	повлака (ж)	póvlaka
espaço (m)	размак (м)	rázmak

| letra (f) | слово (с) | slóvo |
| letra (f) maiúscula | велико слово (с) | véliko slóvo |

| vogal (f) | самогласник (м) | sámoglasnik |
| consoante (f) | сугласник (м) | súglasnik |

frase (f)	реченица (ж)	rečénica
sujeito (m)	субјект (м)	súbjekt
predicado (m)	предикат (м)	prédikat

linha (f)	ред (м)	red
em uma nova linha	у новом реду	u nóvom rédu
parágrafo (m)	пасус (м)	pásus

palavra (f)	реч (ж)	reč
grupo (m) de palavras	група (ж) речи	grúpa réči
expressão (f)	израз (м)	ízraz
sinônimo (m)	синоним (м)	sinónim
antônimo (m)	антоним (м)	antónim

regra (f)	правило (с)	právilo
exceção (f)	изузетак (м)	izuzétak
correto (adj)	исправан	íspravan

conjugação (f)	коњугација (ж)	konjugácija
declinação (f)	деклинација (ж)	deklinácija
caso (m)	падеж (м)	pádež
pergunta (f)	питање (с)	pítanje
sublinhar (vt)	подвући (пг)	pódvući
linha (f) pontilhada	испрекидана линија (ж)	isprékidana línija

121. Línguas estrangeiras

língua (f)	језик (м)	jézik
estrangeiro (adj)	стран	stran
língua (f) estrangeira	страни језик (м)	stráni jézik
estudar (vt)	студирати (пг)	studírati
aprender (vt)	учити (пг)	účiti

ler (vt)	читати (нг, пг)	čítati
falar (vi)	говорити (нг)	govóriti
entender (vt)	разумевати (пг)	razumévati
escrever (vt)	писати (пг)	písati
rapidamente	брзо	bȓzo
devagar, lentamente	споро, полако	spóro, poláko

fluentemente	течно	téčno
regras (f pl)	правила (мн)	právila
gramática (f)	граматика (ж)	gramátika
vocabulário (m)	лексикон (м)	léksikon
fonética (f)	фонетика (ж)	fonétika
livro (m) didático	уџбеник (м)	údžbenik
dicionário (m)	речник (м)	réčnik
manual (m) autodidático	приручник (м)	príručnik
guia (m) de conversação	приручник (м) за конверзацију	príručnik za konverzáciju
fita (f) cassete	касета (ж)	kaséta
videoteipe (m)	видео касета (ж)	vídeo kaséta
CD (m)	ЦД диск (м)	CD disk
DVD (m)	ДВД (м)	DVD
alfabeto (m)	азбука, абецеда (ж)	ázbuka, abecéda
soletrar (vt)	спеловати (пг)	spélovati
pronúncia (f)	изговор (м)	ízgovor
sotaque (m)	нагласак (м)	náglasak
com sotaque	са нагласком	sa náglaskom
sem sotaque	без нагласка	bez náglaska
palavra (f)	реч (ж)	reč
sentido (m)	смисао (м)	smísao
curso (m)	течај (м)	téčaj
inscrever-se (vr)	уписати се	upísati se
professor (m)	професор (м)	prófesor
tradução (processo)	превођење (с)	prevóđenje
tradução (texto)	превод (м)	prévod
tradutor (m)	преводилац (м)	prevódilac
intérprete (m)	преводилац (м)	prevódilac
poliglota (m)	полиглота (м)	poliglóta
memória (f)	памћење (с)	pámćenje

122. Personagens de contos de fadas

Papai Noel (m)	Деда Мраз (м)	Déda Mraz
Cinderela (f)	Пепељуга (ж)	Pepéljuga
sereia (f)	сирена (ж)	siréna
Netuno (m)	Нептун (м)	Néptun
bruxo, feiticeiro (m)	чаробњак (м)	čaróbnjak
fada (f)	чаробница (ж)	čárobnica
mágico (adj)	чаробан	čároban
varinha (f) mágica	чаробни штап (м)	čárobni štap
conto (m) de fadas	бајка (ж)	bájka
milagre (m)	чудо (с)	čúdo

| anão (m) | патуљак (м) | patúljak |
| transformar-se em … | претворити се у … | pretvóriti se u … |

fantasma (m)	сабласт (ж)	sáblast
fantasma (m)	дух (м)	duh
monstro (m)	чудовиште (c)	čúdovište
dragão (m)	змај (м)	zmaj
gigante (m)	див (м)	div

123. Signos do Zodíaco

Áries (f)	Ован (м)	Óvan
Touro (m)	Бик (м)	Bik
Gêmeos (m pl)	Близанци (мн)	Blizánci
Câncer (m)	Рак (м)	Rak
Leão (m)	Лав (м)	Lav
Virgem (f)	Девица (ж)	Dévica

Libra (f)	Вага (ж)	Vága
Escorpião (m)	Шкорпија (ж)	Škórpija
Sagitário (m)	Стрелац (м)	Strélac
Capricórnio (m)	Јарац (м)	Járac
Aquário (m)	Водолија (м)	Vodólija
Peixes (pl)	Рибе (мн)	Ríbe

caráter (m)	карактер (м)	karákter
traços (m pl) do caráter	црте (мн) карактера	cŕte káraktera
comportamento (m)	понашање (c)	ponášanje
prever a sorte	гатати (нг)	gátati
adivinha (f)	гатара (ж)	gátara
horóscopo (m)	хороскоп (м)	hóroskop

Artes

teatro (m)	позориште (с)	pózorište
ópera (f)	опера (ж)	ópera
opereta (f)	оперета (ж)	operéta
balé (m)	балет (м)	bálet
cartaz (m)	плакат (м)	plákat
companhia (f) de teatro	трупа (ж)	trúpa
turnê (f)	гостовање (с)	góstovanje
estar em turnê	гостовати (нг)	gostóvati
ensaiar (vt)	пробати (пг)	próbati
ensaio (m)	проба (ж)	próba
repertório (m)	репертоар (м)	repertóar
apresentação (f)	представа (ж)	prédstava
espetáculo (m)	представа (ж)	prédstava
peça (f)	драма (ж)	dráma
entrada (m)	улазница (ж)	úlaznica
bilheteira (f)	благајна (ж)	blágajna
hall (m)	фоаје (м)	foáje
vestiário (m)	гардероба (ж)	garderóba
senha (f) numerada	број (м)	broj
binóculo (m)	двоглед (м)	dvógled
lanterninha (m)	разводник (м)	rázvodnik
plateia (f)	партер (м)	párter
balcão (m)	балкон (м)	bálkon
primeiro balcão (m)	прва галерија (ж)	pŕva galérija
camarote (m)	ложа (ж)	lóža
fila (f)	ред (м)	red
assento (m)	седиште (с)	sédište
público (m)	публика (ж)	públika
espectador (m)	гледалац (м)	glédalac
aplaudir (vt)	тапшати (нг)	tápšati
aplauso (m)	аплауз (м)	áplauz
ovação (f)	овација (ж)	ovácija
palco (m)	бина (ж)	bína
cortina (f)	завеса (ж)	závesa
cenário (m)	декорација (ж)	dekorácija
bastidores (m pl)	кулиса (ж)	kulísa
cena (f)	сцена (ж)	scéna
ato (m)	акт, чин (м)	akt, čin
intervalo (m)	пауза (ж)	páuza

125. Cinema

ator (m)	глумац (м)	glúmac
atriz (f)	глумица (ж)	glúmica
cinema (m)	кино (с)	kino
filme (m)	филм (м)	film
episódio (m)	епизода (ж)	epizóda
filme (m) policial	детектив (м)	detéktiv
filme (m) de ação	акциони филм (м)	ákcioni film
filme (m) de aventuras	авантуристички филм (м)	avantúristički film
filme (m) de ficção científica	научнофантастични филм (м)	náučnofantástični film
filme (m) de horror	хорор филм (м)	hóror film
comédia (f)	комедија (ж)	kómedija
melodrama (m)	мелодрама (ж)	mélodrama
drama (m)	драма (ж)	dráma
filme (m) de ficção	играни филм (м)	ígrani fílm
documentário (m)	документарни филм (м)	dókumentarni film
desenho (m) animado	цртани филм (м)	cŕtani film
cinema (m) mudo	неми филм (м)	némi film
papel (m)	улога (ж)	úloga
papel (m) principal	главна улога (ж)	glávna úloga
representar (vt)	играти (пг)	ígrati
estrela (f) de cinema	филмска звезда (ж)	fílmska zvézda
conhecido (adj)	чувен	čúven
famoso (adj)	познат	póznat
popular (adj)	популаран	pópularan
roteiro (m)	сценарио (м)	scenário
roteirista (m)	сценариста (м)	scenárista
diretor (m) de cinema	режисер (м)	režíser
produtor (m)	продуцент (м)	prodúcent
assistente (m)	асистент (м)	asístent
diretor (m) de fotografia	сниматељ (м)	snímatelj
dublê (m)	каскадер (м)	kaskáder
dublê (m) de corpo	двојник (м)	dvójnik
filmar (vt)	снимати филм	snímati film
audição (f)	аудиција (ж)	audícija
filmagem (f)	снимање (с)	snímanje
equipe (f) de filmagem	филмска екипа (ж)	fílmska ekípa
set (m) de filmagem	терен (м)	téren
câmera (f)	филмска камера (ж)	fílmska kámera
cinema (m)	биоскоп (м)	bíoskop
tela (f)	екран (м)	ékran
exibir um filme	приказивати филм	prikazívati film
trilha (f) sonora	звучни запис (м)	zvúčni zápis
efeitos (m pl) especiais	специјални ефекти (мн)	spécijalni efékti

legendas (f pl)	титлови (мн)	títlovi
crédito (m)	имена (мн) глумаца	iména glúmaca
tradução (f)	превод (м)	prévod

126. Pintura

arte (f)	уметност (ж)	úmetnost
belas-artes (f pl)	ликовна уметност (ж)	líkovna úmetnost
galeria (f) de arte	уметничка галерија (ж)	umétnička gálerija
exibição (f) de arte	изложба (ж) слика	ízložba slíka

pintura (f)	сликарство (с)	slikárstvo
arte (f) gráfica	графика (ж)	gráfika
arte (f) abstrata	апстракционизам (м)	apstrakcionízam
impressionismo (m)	импресионизам (м)	impresionízam

pintura (f), quadro (m)	слика (ж)	slíka
desenho (m)	цртеж (м)	cŕtež
cartaz, pôster (m)	постер (м)	póster

ilustração (f)	илустрација (ж)	ilustrácija
miniatura (f)	минијатура (ж)	minijatúra
cópia (f)	копија (ж)	kópija
reprodução (f)	репродукција (ж)	reprodúkcija

mosaico (m)	мозаик (м)	mozáik
vitral (m)	витраж (м)	vítraž
afresco (m)	фреска (ж)	fréska
gravura (f)	гравура (ж)	gravúra

busto (m)	попрсје (с)	póprsje
escultura (f)	скулптура (ж)	skulptúra
estátua (f)	кип (м)	kip
gesso (m)	гипс (м)	gips
em gesso (adj)	од гипса	od gípsa

retrato (m)	портрет (м)	pórtret
autorretrato (m)	аутопортрет (м)	autopórtret
paisagem (f)	пејзаж (м)	péjzaž
natureza (f) morta	мртва природа (ж)	mŕtva príroda
caricatura (f)	карикатура (ж)	karikatúra
esboço (m)	нацрт (м)	nacrt

tinta (f)	боја (ж)	bója
aquarela (f)	акварел (м)	akvárel
tinta (f) a óleo	уљана боја (ж)	úljana bója
lápis (m)	оловка (ж)	ólovka
tinta (f) nanquim	туш (м)	tuš
carvão (m)	угаљ (м)	úgalj

desenhar (vt)	цртати (нг, пг)	cŕtati
pintar (vt)	сликати (пг)	slíkati
posar (vi)	позирати (нг)	pozírati
modelo (m)	сликарски модел (м)	slíkarski módel

modelo (f)	сликарски модел (м)	slíkarski módel
pintor (m)	сликар (м)	slíkar
obra (f)	уметничко дело (с)	umétničko délo
obra-prima (f)	ремек-дело (с)	rémek-délo
estúdio (m)	радионица (ж)	radiónica
tela (f)	платно (м)	plátno
cavalete (m)	штафелај (м)	štafélaj
paleta (f)	палета (ж)	paléta
moldura (f)	оквир (м)	ókvir
restauração (f)	рестаурација (ж)	restaurácija
restaurar (vt)	рестаурирати (пг)	restaurírati

127. Literatura & Poesia

literatura (f)	књижевност (ж)	knjíževnost
autor (m)	аутор (м)	áutor
pseudônimo (m)	псеудоним (м)	pseudónim
livro (m)	књига (ж)	knjíga
volume (m)	том (м)	tom
índice (m)	садржај (м)	sádržaj
página (f)	страна (ж)	strána
protagonista (m)	главни јунак (м)	glávni júnak
autógrafo (m)	аутограм (м)	autógram
conto (m)	кратка прича (ж)	krátka príča
novela (f)	прича (ж)	príča
romance (m)	роман (м)	róman
obra (f)	дело (с)	délo
fábula (m)	басна (ж)	básna
romance (m) policial	детектив (м)	detéktiv
verso (m)	песма (ж)	pésma
poesia (f)	поезија (ж)	póezija
poema (m)	поема (ж)	póema
poeta (m)	песник (м)	pésnik
ficção (f)	белетристика (ж)	beletrístika
ficção (f) científica	научна фантастика (ж)	náučna fantástika
aventuras (f pl)	доживљаји (мн)	dóživljaji
literatura (f) didática	образовна литература (ж)	óbrazovna literatúra
literatura (f) infantil	книжевност (ж) за децу	knižévnost za décu

128. Circo

circo (m)	циркус (м)	církus
circo (m) ambulante	путујући циркус (м)	pútujući církus
programa (m)	програм (м)	prógram
apresentação (f)	представа (ж)	prédstava
número (m)	тачка (ж)	táčka

picadeiro (f)	арена (ж)	aréna
pantomima (f)	пантомима (ж)	pantomíma
palhaço (m)	кловн (м)	klovn
acrobata (m)	акробата (м)	akróbata
acrobacia (f)	акробатика (ж)	akrobátika
ginasta (m)	гимнастичар (м)	gimnástičar
ginástica (f)	гимнастика (ж)	gimnástika
salto (m) mortal	салто (м)	sálto
homem (m) forte	атлета (м)	atleta
domador (m)	укротитељ (м)	ukrótitelj
cavaleiro (m) equilibrista	jахач (м)	jáhač
assistente (m)	асистент (м)	asístent
truque (m)	трик (м)	trik
truque (m) de mágica	трик (м)	trik
ilusionista (m)	мађионичар (м)	mađióničar
malabarista (m)	жонглер (м)	žóngler
fazer malabarismos	жонглирати (нг)	žonglírati
adestrador (m)	дресер (м)	dréser
adestramento (m)	дресура (ж)	dresúra
adestrar (vt)	дресирати (пг)	dresírati

129. Música. Música popular

música (f)	музика (ж)	múzika
músico (m)	музичар (м)	múzičar
instrumento (m) musical	музички инструмент (м)	múzički instrúment
tocar ...	свирати ...	svírati ...
guitarra (f)	гитара (ж)	gitára
violino (m)	виолина (ж)	violína
violoncelo (m)	виолончело (с)	violónčelo
contrabaixo (m)	контрабас (м)	kóntrabas
harpa (f)	харфа (ж)	hárfa
piano (m)	клавир (м)	klávir
piano (m) de cauda	велики клавир (м)	véliki klávir
órgão (m)	оргуље (мн)	órgulje
instrumentos (m pl) de sopro	дувачки инструменти (мн)	dúvački instruménti
oboé (m)	обоа (ж)	obóa
saxofone (m)	саксофон (м)	sáksofon
clarinete (m)	кларинет (м)	klarínet
flauta (f)	флаута (ж)	fláuta
trompete (m)	труба (ж)	trúba
acordeão (m)	хармоника (ж)	harmónika
tambor (m)	бубањ (м)	búbanj
dueto (m)	дует (м)	dúet
trio (m)	трио (м)	trío

quarteto (m)	квартет (м)	kvártet
coro (m)	хор (м)	hor
orquestra (f)	оркестар (м)	órkestar
música (f) pop	поп музика (ж)	pop múzika
música (f) rock	рок музика (ж)	rok múzika
grupo (m) de rock	рок група (ж)	rok grúpa
jazz (m)	џез (м)	džez
ídolo (m)	идол (м)	ídol
fã, admirador (m)	поштовалац (м)	poštóvalac
concerto (m)	концерт (м)	kóncert
sinfonia (f)	симфонија (ж)	símfonija
composição (f)	дело (с)	délo
compor (vt)	компоновати (пг)	komponóvati
canto (m)	певање (с)	pévanje
canção (f)	песма (ж)	pésma
melodia (f)	мелодија (ж)	mélodija
ritmo (m)	ритам (м)	rítam
blues (m)	блуз (м)	blúz
notas (f pl)	ноте (мн)	nóte
batuta (f)	палица (ж)	pálica
arco (m)	гудало (с)	gúdalo
corda (f)	жица (ж)	žíca
estojo (m)	футрола (ж)	futróla

Descanso. Entretenimento. Viagens

130. Viagens

turismo (m)	туризам (м)	turízam
turista (m)	туриста (м)	turísta
viagem (f)	путовање (с)	putovánje
aventura (f)	авантура (ж)	avantúra
percurso (curta viagem)	путовање (с)	putovánje

férias (f pl)	одмор (м)	ódmor
estar de férias	бити на годишњем одмору	bíti na gódišnjem ódmoru
descanso (m)	одмор (м)	ódmor

trem (m)	воз (м)	voz
de trem (chegar ~)	возом	vózom
avião (m)	авион (м)	avíon
de avião	авионом	avіónom
de carro	колима, аутом	kólima, áutom
de navio	бродом	bródom

bagagem (f)	пртљаг (м)	p̀ftljag
mala (f)	кофер (м)	kófer
carrinho (m)	колица (мн) за пртљаг	kolíca za p̀ftljag

passaporte (m)	пасош (м)	pásoš
visto (m)	виза (ж)	víza
passagem (f)	карта (ж)	kárta
passagem (f) aérea	авионска карта (ж)	avіónska kárta

guia (m) de viagem	водич (м)	vódič
mapa (m)	мапа (ж)	mápa
área (f)	подручје (с)	pódručje
lugar (m)	место (с)	mésto

exotismo (m)	егзотика (ж)	egzótika
exótico (adj)	егзотичан	egzótičan
surpreendente (adj)	диван	dívan

grupo (m)	група (ж)	grúpa
excursão (f)	екскурзија (ж)	ekskúrzija
guia (m)	водич (м)	vódič

131. Hotel

hotel (m)	хотел (м)	hótel
motel (m)	мотел (м)	mótel

três estrelas	три звездице	tri zvézdice
cinco estrelas	пет звездица	pet zvézdica
ficar (vi, vt)	одсести (нг)	ódsesti

quarto (m)	соба (ж)	sóba
quarto (m) individual	једнокреветна соба (ж)	jédnokrevetna sóba
quarto (m) duplo	двокреветна соба (ж)	dvókrevetna sóba
reservar um quarto	резервисати собу	rezervísati sóbu

| meia pensão (f) | полупансион (м) | polupansíon |
| pensão (f) completa | пун пансион (м) | pun pansíon |

com banheira	са кадом	sa kádom
com chuveiro	са тушем	sa túšem
televisão (m) por satélite	сателитска телевизија (ж)	satelítska televízija
ar (m) condicionado	клима (ж)	klíma
toalha (f)	пешкир (м)	péškir
chave (f)	кључ (м)	ključ

administrador (m)	администратор (м)	administrátor
camareira (f)	собарица (ж)	sóbarica
bagageiro (m)	носач (м)	nósač
porteiro (m)	вратар (м)	vrátar

restaurante (m)	ресторан (м)	restóran
bar (m)	бар (м)	bar
café (m) da manhã	доручак (м)	dóručak
jantar (m)	вечера (ж)	véčera
bufê (m)	шведски сто (м)	švédski sto

| saguão (m) | фоаје (м) | foáje |
| elevador (m) | лифт (м) | lift |

| NÃO PERTURBE | НЕ УЗНЕМИРАВАТИ | NE UZNEMIRAVATI |
| PROIBIDO FUMAR! | ЗАБРАЊЕНО ПУШЕЊЕ | ZABRANJENO PUŠENJE |

132. Livros. Leitura

livro (m)	књига (ж)	knjíga
autor (m)	аутор (м)	áutor
escritor (m)	писац (м)	písac
escrever (~ um livro)	написати (нг)	napísati

leitor (m)	читалац (м)	čítalac
ler (vt)	читати (нг, пг)	čítati
leitura (f)	читање (с)	čítanje

| para si | у себи | u sébi |
| em voz alta | наглас | náglas |

publicar (vt)	издавати (пг)	izdávati
publicação (f)	издање (с)	izdánje
editor (m)	издавач (м)	izdávač
editora (f)	издавачка кућа (ж)	izdávačka kúća

sair (vi)	изаћи (нг)	ízaći
lançamento (m)	излазак (м)	ízlazak
tiragem (f)	тираж (м)	tíraž

| livraria (f) | књижара (ж) | knjížara |
| biblioteca (f) | библиотека (ж) | bibliotéka |

novela (f)	прича (ж)	príča
conto (m)	кратка прича (ж)	krátka príča
romance (m)	роман (м)	róman
romance (m) policial	детектив (м)	detéktiv

memórias (f pl)	мемоари (мн)	memoári
lenda (f)	легенда (ж)	légenda
mito (m)	мит (м)	mit

poesia (f)	песме (мн)	pésme
autobiografia (f)	аутобиографија (ж)	autobiográfija
obras (f pl) escolhidas	изабрана дела (мн)	ízabrana déla
ficção (f) científica	научна фантастика (ж)	náučna fantástika

título (m)	назив (м)	náziv
introdução (f)	увод (м)	úvod
folha (f) de rosto	насловна страна (ж)	náslovna strána

capítulo (m)	поглавље (с)	póglavlje
excerto (m)	одломак (м)	ódlomak
episódio (m)	епизода (ж)	epizóda

enredo (m)	сиже (м)	síže
conteúdo (m)	садржина (ж)	sádržina
índice (m)	садржај (м)	sádržaj
protagonista (m)	главни јунак (м)	glávni júnak

volume (m)	том (м)	tom
capa (f)	корица (ж)	kórica
encadernação (f)	корице (мн)	kórice
marcador (m) de página	ознака (ж)	óznaka

página (f)	страна (ж)	strána
folhear (vt)	листати (нг)	lístati
margem (f)	маргине (мн)	márgine
anotação (f)	забелешка (ж)	zábeleška
nota (f) de rodapé	фуснота (ж)	fúsnota

texto (m)	текст (м)	tekst
fonte (f)	фонт (м)	font
falha (f) de impressão	штампарска грешка (ж)	štámparska gréška

tradução (f)	превод (м)	prévod
traduzir (vt)	преводити (нг)	prevóditi
original (m)	оригинал (м)	origínal

famoso (adj)	познат	póznat
desconhecido (adj)	непознат	népoznat
interessante (adj)	интересантан	interesántan

best-seller (m)	бестселер (м)	bestséler
dicionário (m)	речник (м)	réčnik
livro (m) didático	уџбеник (м)	údžbenik
enciclopédia (f)	енциклопедија (ж)	enciklopédija

133. Caça. Pesca

caça (f)	лов (м)	lov
caçar (vi)	ловити (пг)	lóviti
caçador (m)	ловац (м)	lóvac

disparar, atirar (vi)	пуцати (нг)	púcati
rifle (m)	пушка (ж)	púška
cartucho (m)	метак (м)	métak
chumbo (m) de caça	сачма (ж)	sáčma

armadilha (f)	замка (ж)	zámka
armadilha (com corda)	клопка (ж)	klópka
cair na armadilha	упасти у замку	úpasti u zámku
pôr a armadilha	поставити замку	póstaviti zámku

caçador (m) furtivo	ловокрадица (м)	lovokrádica
caça (animais)	дивљач (ж)	dívljač
cão (m) de caça	ловачки пас (м)	lóvački pas
safári (m)	сафари (м)	safári
animal (m) empalhado	препарирана животиња (ж)	preparírana živótinja

pescador (m)	риболовац, пецарош (м)	ríbolovac, pécaroš
pesca (f)	пецање (с), риболов (м)	pecanje, ríbolov
pescar (vt)	пецати (нг)	pécati

vara (f) de pesca	пецаљка (ж)	pécaljka
linha (f) de pesca	струна (ж)	strúna
anzol (m)	удица (ж)	údica
boia (f), flutuador (m)	пловак (м)	plóvak
isca (f)	мамац (м)	mámac

| lançar a linha | бацити удицу | báciti údicu |
| morder (peixe) | гристи (нг) | grísti |

| pesca (f) | улов (м) | úlov |
| buraco (m) no gelo | рупа (ж) у леду | rúpa u lédu |

| rede (f) | мрежа (ж) | mréža |
| barco (m) | чамац (м) | čámac |

pescar com rede	ловити мрежом	lóviti mréžom
lançar a rede	бацати мрежу	bácati mréžu
puxar a rede	извлачити мрежу	izvláčiti mréžu
cair na rede	упасти у мрежу	úpasti u mréžu

baleeiro (m)	китоловац (м)	kitolóvac
baleeira (f)	китоловац (м)	kitolóvac
arpão (m)	харпун (м)	hárpun

134. Jogos. Bilhar

bilhar (m)	билијар (м)	bilíjar
sala (f) de bilhar	билијарска сала (ж)	bilíjarska sála
bola (f) de bilhar	билијарска кугла (ж)	bilíjarska kugla
embolsar uma bola	убацити (пг) куглу	úbaciti kúglu
taco (m)	так (м)	tak
caçapa (f)	рупа (ж)	rúpa

135. Jogos. Jogar cartas

ouros (m pl)	каро (м)	káro
espadas (f pl)	пик (м)	pik
copas (f pl)	херц (м)	herc
paus (m pl)	треф (м)	tref
ás (m)	кец (м)	kec
rei (m)	краљ (м)	kralj
dama (f), rainha (f)	дама (ж)	dáma
valete (m)	жандар (м)	žándar
carta (f) de jogar	карта (ж) за играње	kárta za ígranje
cartas (f pl)	карте (мн)	kárte
trunfo (m)	адут (м)	ádut
baralho (m)	шпил (м)	špil
ponto (m)	бод (м)	bod
dar, distribuir (vt)	делити (пг)	déliti
embaralhar (vt)	мешати (пг)	méšati
vez, jogada (f)	потез (м)	pótez
trapaceiro (m)	варалица (м)	váralica

136. Descanso. Jogos. Diversos

passear (vi)	шетати се	šétati se
passeio (m)	шетња (ж)	šétnja
viagem (f) de carro	излет (м)	ízlet
aventura (f)	авантура (ж)	avantúra
piquenique (m)	пикник (м)	píknik
jogo (m)	игра (ж)	ígra
jogador (m)	играч (м)	ígrač
partida (f)	партија (ж)	pártija
colecionador (m)	колекционар (м)	kolékcionar
colecionar (vt)	колектирати (пг)	kolektírati
coleção (f)	колекција (ж)	kolékcija
palavras (f pl) cruzadas	укрштеница (ж)	úkrštenica
hipódromo (m)	хиподром (м)	hípodrom

discoteca (f)	дискотека (ж)	diskotéka
sauna (f)	сауна (ж)	sáuna
loteria (f)	лутрија (ж)	lútrija

campismo (m)	камповање (с)	kampovanje
acampamento (m)	камп (м)	kamp
barraca (f)	шатор (м)	šátor
bússola (f)	компас (м)	kómpas
campista (m)	кампер (м)	kámper

ver (vt), assistir à ...	гледати (пг)	glédati
telespectador (m)	гледалац (м)	glédalac
programa (m) de TV	телевизијска емисија (ж)	televízijska emísija

137. Fotografia

máquina (f) fotográfica	фотоапарат (м)	fotoapárat
foto, fotografia (f)	фотографија (ж)	fotográfija

fotógrafo (m)	фотограф (м)	fotógraf
estúdio (m) fotográfico	фото студио (м)	fóto stúdio
álbum (m) de fotografias	фото албум (м)	fóto álbum

lente (f) fotográfica	објектив (м)	óbjektiv
lente (f) teleobjetiva	телеобјектив (м)	teleobjéktiv
filtro (m)	филтар (м)	fíltar
lente (f)	сочиво (с)	sóčivo

ótica (f)	оптика (ж)	óptika
abertura (f)	дијафрагма (ж)	dijafrágma
exposição (f)	експозиција (ж)	ekspozícija
visor (m)	тражило (с)	trážilo

câmera (f) digital	дигитална камера (ж)	dígitalna kámera
tripé (m)	троножац (м)	trónožac
flash (m)	блиц (м)	blic

fotografar (vt)	сликати (пг)	slíkati
tirar fotos	сликати (пг)	slíkati
fotografar-se (vr)	сликати се	slíkati se

foco (m)	фокус (м)	fókus
focar (vt)	фокусирати (пг)	fokusírati
nítido (adj)	оштар	óštar
nitidez (f)	оштрина (ж)	oštrína

contraste (m)	контраст (м)	kóntrast
contrastante (adj)	контрастан	kóntrastan

retrato (m)	слика (ж)	slíka
negativo (m)	негатив (м)	négativ
filme (m)	филм (м)	film
fotograma (m)	кадар (м)	kádar
imprimir (vt)	штампати (пг)	štámpati

138. Praia. Natação

praia (f)	плажа (ж)	pláža
areia (f)	песак (м)	pésak
deserto (adj)	пуст	pust
bronzeado (m)	препланулост (ж)	preplánulost
bronzear-se (vr)	сунчати се	súnčati se
bronzeado (adj)	преплануо	preplánuo
protetor (m) solar	крема (ж) за сунчање	kréma za súnčanje
biquíni (m)	бикини (м)	bikíni
maiô (m)	купаћи костим (м)	kúpaći kóstim
calção (m) de banho	купаће гаће (мн)	kúpaće gáće
piscina (f)	базен (м)	bázen
nadar (vi)	пливати (нг)	plívati
chuveiro (m), ducha (f)	туш (м)	tuš
mudar, trocar (vt)	пресвлачити се	presvláčiti se
toalha (f)	пешкир (м)	péškir
barco (m)	чамац (м)	čámac
lancha (f)	моторни брод (м)	mótorni brod
esqui (m) aquático	водене скије (мн)	vódene skije
barco (m) de pedais	педалина (ж)	pedalína
surf, surfe (m)	surфовање (c)	súrfovanje
surfista (m)	surфер (м)	súrfer
equipamento (m) de mergulho	ронилачка опрема (ж)	rónilačka óprema
pé (m pl) de pato	пераја (мн)	péraja
máscara (f)	маска (ж)	máska
mergulhador (m)	рониlac (м)	rónilac
mergulhar (vi)	ронити (нг)	róniti
debaixo d'água	под водом	pod vódom
guarda-sol (m)	сунцобран (м)	súncobran
espreguiçadeira (f)	лежаљка (ж)	léžaljka
óculos (m pl) de sol	наочаре (мн)	náočare
colchão (m) de ar	душек (м) за пливање	dúšek za plívanje
brincar (vi)	играти се	ígrati se
ir nadar	купати се	kúpati se
bola (f) de praia	лопта (ж)	lópta
encher (vt)	пумпати (нг)	púmpati
inflável (adj)	на надувавање	na naduvavanje
onda (f)	талас (м)	tálas
boia (f)	бова (ж)	bóva
afogar-se (vr)	давити се	dáviti se
salvar (vt)	спасавати (нг)	spasávati
colete (m) salva-vidas	прслук (м) за спасавање	přsluk za spásavanje
observar (vt)	посматрати (нг)	posmátrati
salva-vidas (pessoa)	спасилац (м)	spásilac

EQUIPAMENTO TÉCNICO. TRANSPORTES

Equipamento técnico. Transportes

139. Computador

computador (m)	рачунар (м)	računar
computador (m) portátil	лаптоп (м)	láptop
ligar (vt)	укључити (пг)	uključiti
desligar (vt)	искључити (пг)	isključiti
teclado (m)	тастатура (ж)	tastatúra
tecla (f)	тастер (м)	táster
mouse (m)	миш (ж)	miš
tapete (m) para mouse	подлога (ж) за миша	pódloga za miša
botão (m)	дугме (с)	dúgme
cursor (m)	курсор (м)	kúrsor
monitor (m)	монитор (м)	mónitor
tela (f)	екран (м)	ékran
disco (m) rígido	хард диск (м)	hard disk
capacidade (f) do disco rígido	капацитет (м) хард диска	kapacítet hard díska
memória (f)	меморија (ж)	mémorija
memória RAM (f)	РАМ меморија (ж)	RAM mémorija
arquivo (m)	фајл (м)	fajl
pasta (f)	фолдер (м)	fólder
abrir (vt)	отворити (пг)	ótvoriti
fechar (vt)	затворити (пг)	zatvóriti
salvar (vt)	снимити, сачувати (пг)	snímiti, sačúvati
deletar (vt)	избрисати (пг)	ízbrisati
copiar (vt)	копирати (пг)	kopírati
ordenar (vt)	сортирати (пг)	sortírati
copiar (vt)	пребацити (пг)	prebáciti
programa (m)	програм (м)	prógram
software (m)	софтвер (м)	sóftver
programador (m)	програмер (м)	prográmer
programar (vt)	програмирати (пг)	programírati
hacker (m)	хакер (м)	háker
senha (f)	лозинка (ж)	lózinka
vírus (m)	вирус (м)	vírus
detectar (vt)	пронаћи (пг)	prónaći
byte (m)	бајт (м)	bajt

megabyte (m)	мегабајт (м)	mégabajt
dados (m pl)	подаци (мн)	pódaci
base (f) de dados	база (ж) података	báza pódataka
cabo (m)	кабл (м)	kabl
desconectar (vt)	искључити (пг)	isključiti
conectar (vt)	спојити (пг)	spójiti

140. Internet. E-mail

internet (f)	интернет (м)	ínternet
browser (m)	прегледач (м)	prégledač
motor (m) de busca	претраживач (м)	pretražívač
provedor (m)	провајдер (м)	provájder
webmaster (m)	вебмастер (м)	vebmáster
website (m)	веб-сајт (м)	veb-sajt
web page (f)	веб-страница (ж)	veb-stránica
endereço (m)	адреса (ж)	adrésa
livro (m) de endereços	адресар (м)	adrésar
caixa (f) de correio	поштанско сандуче (с)	póštansko sánduče
correio (m)	пошта (ж)	póšta
cheia (caixa de correio)	пун	pun
mensagem (f)	порука (ж)	póruka
mensagens (f pl) recebidas	долазне поруке (мн)	dólazne póruke
mensagens (f pl) enviadas	одлазне поруке (мн)	ódlazne póruke
remetente (m)	пошиљалац (м)	póšiljalac
enviar (vt)	послати (пг)	póslati
envio (m)	слање (с)	slánje
destinatário (m)	прималац (м)	prímalac
receber (vt)	примити (пг)	prímiti
correspondência (f)	дописивање (с)	dopisívanje
corresponder-se (vr)	водити преписку	vóditi prépisku
arquivo (m)	фајл (м)	fajl
fazer download, baixar (vt)	преузети (пг)	preúzeti
criar (vt)	створити (пг)	stvóriti
deletar (vt)	избрисати (пг)	ízbrisati
deletado (adj)	избрисан	ízbrisan
conexão (f)	веза (ж)	véza
velocidade (f)	брзина (ж)	brzína
modem (m)	модем (м)	módem
acesso (m)	приступ (м)	prístup
porta (f)	порт (м)	port
conexão (f)	повезивање (с)	povezívanje
conectar (vi)	повезати се	povézati se
escolher (vt)	изабрати (пг)	izábrati
buscar (vt)	тражити (пг)	trážiti

Transportes

avião (m)	авион (м)	avíon
passagem (f) aérea	авионска карта (ж)	aviónska kárta
companhia (f) aérea	авио-компанија (ж)	ávio-kompánija
aeroporto (m)	аеродром (м)	aeródrom
supersônico (adj)	суперсоничан	supersóničan
comandante (m) do avião	капетан (м) авиона	kapétan avíona
tripulação (f)	посада (ж)	pósada
piloto (m)	пилот (м)	pílot
aeromoça (f)	стјуардеса (ж)	stjuardésa
copiloto (m)	навигатор (м)	navígator
asas (f pl)	крила (мн)	kríla
cauda (f)	реп (м)	rep
cabine (f)	кабина (ж)	kabína
motor (m)	мотор (м)	mótor
trem (m) de pouso	шасија (ж)	šásija
turbina (f)	турбина (ж)	turbína
hélice (f)	пропелер (м)	propéler
caixa-preta (f)	црна кутија (ж)	cŕna kútija
coluna (f) de controle	управљач (м)	uprávljač
combustível (m)	гориво (м)	górivo
instruções (f pl) de segurança	упутство (с) за ванредне ситуације	úputstvo za vanredne situácije
máscara (f) de oxigênio	маска (ж) за кисеоник	máska za kiseónik
uniforme (m)	униформа (ж)	úniforma
colete (m) salva-vidas	прслук (м) за спасавање	pŕsluk za spásavanje
paraquedas (m)	падобран (м)	pádobran
decolagem (f)	полетање, узлетање (с)	polétanje, uzlétanje
descolar (vi)	полетати (нг)	polétati
pista (f) de decolagem	писта (ж)	písta
visibilidade (f)	видљивост (ж)	vídljivost
voo (m)	лет (м)	let
altura (f)	висина (ж)	visína
poço (m) de ar	ваздушни џеп (м)	vázdušni džep
assento (m)	седиште (с)	sédište
fone (m) de ouvido	слушалице (мн)	slúšalice
mesa (f) retrátil	сточић (м) на расклапање	stóćić na rasklápanje
janela (f)	прозор (м)	prózor
corredor (m)	пролаз (м)	prólaz

142. Comboio

trem (m)	воз (м)	voz
trem (m) elétrico	електрични воз (м)	eléktrični voz
trem (m)	брзи воз (м)	bŕzi voz
locomotiva (f) diesel	дизел локомотива (ж)	dízel lokomotíva
locomotiva (f) a vapor	парна локомотива (ж)	párna lokomotíva
vagão (f) de passageiros	вагон (м)	vágon
vagão-restaurante (m)	вагон ресторан (м)	vágon restóran
carris (m pl)	шине (мн)	šíne
estrada (f) de ferro	железница (ж)	žéleznica
travessa (f)	праг (м)	prag
plataforma (f)	перон (м)	péron
linha (f)	колосек (м)	kólosek
semáforo (m)	семафор (м)	sémafor
estação (f)	станица (ж)	stánica
maquinista (m)	машиновођа (м)	mašinóvođa
bagageiro (m)	носач (м)	nósač
hospedeiro, -a (m, f)	послужитељ (м) у возу	poslúžitelj u vózu
passageiro (m)	путник (м)	pútnik
revisor (m)	контролер (м)	kontróler
corredor (m)	ходник (м)	hódnik
freio (m) de emergência	кочница (ж)	kóčnica
compartimento (m)	купе (м)	kúpe
cama (f)	лежај (м)	léžaj
cama (f) de cima	горњи лежај (м)	górnji léžaj
cama (f) de baixo	доњи лежај (м)	dónji léžaj
roupa (f) de cama	постељина (ж)	posteljína
passagem (f)	карта (ж)	kárta
horário (m)	ред (м) вожње	red vóžnje
painel (m) de informação	табла (ж)	tábla
partir (vt)	одлазити (нг)	ódlaziti
partida (f)	полазак (м)	pólazak
chegar (vi)	долазити (нг)	dólaziti
chegada (f)	долазак (м)	dólazak
chegar de trem	доћи возом	dóći vózom
pegar o trem	сести у воз	sésti u voz
descer de trem	сићи с воза	síći s vóza
acidente (m) ferroviário	железничка несрећа (ж)	žéleznička nésreća
descarrilar (vi)	исклизнути из шина	ískliznuti iz šína
locomotiva (f) a vapor	парна локомотива (ж)	párna lokomotíva
foguista (m)	ложач (м)	lóžač
fornalha (f)	ложиште (с)	lóžište
carvão (m)	угаљ (м)	úgalj

143. Barco

navio (m)	брод (м)	brod
embarcação (f)	брод (м)	brod
barco (m) a vapor	пароброд (м)	párobrod
barco (m) fluvial	речни брод (м)	réčni brod
transatlântico (m)	прекоокеански брод (м)	prekookéanski brod
cruzeiro (m)	крстарица (ж)	krstárica
iate (m)	јахта (ж)	jáhta
rebocador (m)	тегљач (м)	tégljač
barcaça (f)	шлеп (м)	šlép
ferry (m)	трајект (м)	trájekt
veleiro (m)	једрењак (м)	jedrénjak
bergantim (m)	бригантина (ж)	brigantína
quebra-gelo (m)	ледоломац (м)	ledolómac
submarino (m)	подморница (ж)	pódmornica
bote, barco (m)	чамац (м)	čámac
baleeira (bote salva-vidas)	чамац (м)	čámac
bote (m) salva-vidas	чамац (м) за спасавање	čámac za spásavanje
lancha (f)	моторни брод (м)	mótorni brod
capitão (m)	капетан (м)	kapétan
marinheiro (m)	морнар (м)	mórnar
marujo (m)	поморац, морнар (м)	pómorac, mórnar
tripulação (f)	посада (ж)	pósada
contramestre (m)	вођа (м) палубе	vóđa pálube
grumete (m)	бродски момак (м)	bródski mómak
cozinheiro (m) de bordo	кувар (м)	kúvar
médico (m) de bordo	бродски лекар (м)	bródski lékar
convés (m)	палуба (ж)	páluba
mastro (m)	јарбол (м)	járbol
vela (f)	једро (с)	jédro
porão (m)	потпалубље (с)	pótpalublje
proa (f)	прамац (м)	prámac
popa (f)	крма (ж)	kŕma
remo (m)	весло (с)	véslo
hélice (f)	бродски пропелер (м)	bródski propéler
cabine (m)	кабина (ж)	kabína
sala (f) dos oficiais	официрска менза (ж)	ofícirska ménza
sala (f) das máquinas	стројарница (ж)	strójarnica
ponte (m) de comando	капетански мост (м)	kapétanski most
sala (f) de comunicações	радио кабина (ж)	rádio kabína
onda (f)	талас (м)	tálas
diário (m) de bordo	бродски дневник (м)	bródski dnévnik
luneta (f)	дурбин (м)	dúrbin
sino (m)	звоно (с)	zvóno

bandeira (f)	застава (ж)	zástava
cabo (m)	конопац (м)	kónopac
nó (m)	чвор (м)	čvor

corrimão (m)	рукохват (м)	rúkohvat
prancha (f) de embarque	рампа (ж)	rámpa

âncora (f)	сидро (с)	sídro
recolher a âncora	дићи сидро	díći sídro
jogar a âncora	спустити сидро	spústiti sídro
amarra (corrente de âncora)	сидрени ланац (м)	sídreni lánac

porto (m)	лука (ж)	lúka
cais, amarradouro (m)	пристаниште (с)	prístanište
atracar (vi)	пристајати (нг)	prístajati
desatracar (vi)	отпловити (нг)	otplóviti

viagem (f)	путовање (с)	putovánje
cruzeiro (m)	крстарење (с)	krstárenje
rumo (m)	правац, курс (м)	právac, kurs
itinerário (m)	маршрута (ж)	maršrúta

canal (m) de navegação	пловни пут (м)	plóvni put
banco (m) de areia	плићак (м)	plíćak
encalhar (vt)	насукати се	násukati se

tempestade (f)	олуја (ж)	olúja
sinal (m)	сигнал (м)	sígnal
afundar-se (vr)	тонути (нг)	tónuti
Homem ao mar!	Човек у мору!	Čóvek u móru!
SOS	СОС	SOS
boia (f) salva-vidas	појас (м) за спасавање	pójas za spasávanje

144. Aeroporto

aeroporto (m)	аеродром (м)	aeródrom
avião (m)	авион (м)	avíon
companhia (f) aérea	авио-компанија (ж)	ávio-kompánija
controlador (m) de tráfego aéreo	контролор (м) лета	kontrólor léta

partida (f)	полазак (м)	pólazak
chegada (f)	долазак (м)	dólazak
chegar (vi)	долетети (нг)	doléteti

hora (f) de partida	време (с) поласка	vréme pólaska
hora (f) de chegada	време (с) доласка	vréme dólaska

estar atrasado	каснити (нг)	kásniti
atraso (m) de voo	кашњење (с) лета	kášnjenje léta

painel (m) de informação	информативна табла (ж)	ínformativna tábla
informação (f)	информација (ж)	informácija
anunciar (vt)	објављивати (нг)	objavljívati

voo (m)	лет (м)	let
alfândega (f)	царина (ж)	cárina
funcionário (m) da alfândega	цариник (м)	cárinik
declaração (f) alfandegária	царинска декларација (ж)	cárinska deklarácija
preencher (vt)	попунити (пг)	pópuniti
preencher a declaração	попунити декларацију	pópuniti deklaráciju
controle (m) de passaporte	пасошка контрола (ж)	pásoška kontróla
bagagem (f)	пртљаг (м)	pŕtljag
bagagem (f) de mão	ручни пртљаг (м)	rúčni pŕtljag
carrinho (m)	колица (мн) за пртљаг	kolíca za pŕtljag
pouso (m)	слетање (с)	slétanje
pista (f) de pouso	писта (ж) за слетање	písta za slétanje
aterrissar (vi)	спуштати се	spúštati se
escada (f) de avião	степенице (мн)	stépenice
check-in (m)	регистрација (ж), чекирање (с)	registrácija, čekíranje
balcão (m) do check-in	шалтер (м) за чекирање	šálter za čekíranje
fazer o check-in	пријавити се	prijáviti se
cartão (m) de embarque	бординг карта (ж)	bórding kárta
portão (m) de embarque	излаз (м)	ízlaz
trânsito (m)	транзит (м)	tránzit
esperar (vi, vt)	чекати (нг, пг)	čékati
sala (f) de espera	чекаоница (ж)	čekaónica
despedir-se (acompanhar)	пратити (пг)	prátiti
despedir-se (dizer adeus)	опраштати се	opráštati se

145. Bicicleta. Motocicleta

bicicleta (f)	бицикл (м)	bicíkl
lambreta (f)	скутер (м)	skúter
moto (f)	мотоцикл (м)	motocíkl
ir de bicicleta	ићи бициклом	ići bicíklom
guidão (m)	управљач (м)	uprávljač
pedal (m)	педала (ж)	pedála
freios (m pl)	кочнице (мн)	kóčnice
banco, selim (m)	седло, седиште (с)	sédlo, sédište
bomba (f)	пумпа (ж)	púmpa
bagageiro (m) de teto	пак трегер (м)	pak tréger
lanterna (f)	фар (м)	far
capacete (m)	шлем (м)	šlem
roda (f)	точак (м)	tóčak
para-choque (m)	блатобран (м)	blátobran
aro (m)	фелга (ж)	félga
raio (m)	жбица (ж)	žbíca

Carros

carro, automóvel (m)   ауто, аутомобил (м)   áuto, automóbil
carro (m) esportivo   спортски ауто (м)   spórtski áuto

limusine (f)   лимузина (ж)   limuzína
todo o terreno (m)   теренско возило (с)   térensko vózilo
conversível (m)   кабриолет (м)   kabriólet
minibus (m)   минибус (м)   mínibus

ambulância (f)   хитна помоћ (ж)   hítna pómoć
limpa-neve (m)   снежни плуг (м)   snéžni plug

caminhão (m)   камион (м)   kamíon
caminhão-tanque (m)   аутоцистерна (ж)   autocísterna
perua, van (f)   комби (м)   kómbi
caminhão-trator (m)   теглъач (м)   tégljač
reboque (m)   приколица (ж)   príkolica

confortável (adj)   комфоран   kómforan
usado (adj)   половни   pólovni

capô (m)   хауба (ж)   háuba
para-choque (m)   блатобран (м)   blátobran
teto (m)   кров (м)   krov

para-brisa (m)   шофершајбна (ж)   šóferšajbna
retrovisor (m)   ретровизор (м)   retrovízor
esguicho (m)   прскалица (ж) ветробрана   pŕskalica vétrobrana
limpadores (m) de para-brisas   метлице (мн) брисача   métlice brisáča

vidro (m) lateral   бочни прозор (м)   bóčni prózor
elevador (m) do vidro   подизач (м) прозора   pódizač prózora
antena (f)   антена (ж)   anténa
teto (m) solar   отвор (м) на крову   ótvor na króvu

para-choque (m)   браник (м)   bránik
porta-malas (f)   гепек (м)   gépek
bagageira (f)   пртлъажник (м)   prtljážnik
porta (f)   врата (мн)   vráta
maçaneta (f)   квака (ж)   kváka
fechadura (f)   брава (ж)   bráva
placa (f)   регистарска таблица (ж)   regístarska táblica
silenciador (m)   пригушивач (м)   prigúšivač

tanque (m) de gasolina	резервоар (м) за гориво	rezervóar za górivo
tubo (m) de exaustão	ауспух (м)	áuspuh
acelerador (m)	гас (м)	gas
pedal (m)	педала (ж)	pedála
pedal (m) do acelerador	папучица (ж) гаса	pápučica gása
freio (m)	кочница (ж)	kóčnica
pedal (m) do freio	папучица (ж) кочнице	pápučica kóčnice
frear (vt)	кочити (нг)	kóčiti
freio (m) de mão	ручна кочница (ж)	rúčna kóčnica
embreagem (f)	квачило (с)	kváčilo
pedal (m) da embreagem	папучица (ж) квачила	pápučica kváčila
disco (m) de embreagem	диск (м) квачила	disk kváčila
amortecedor (m)	амортизер (м)	amortízer
roda (f)	точак (м)	tóčak
pneu (m) estepe	резервни точак (м)	rézervni tóčak
pneu (m)	гума (ж)	gúma
calota (f)	раткапна (ж)	rátkapna
rodas (f pl) motrizes	погонски точкови (мн)	pógonski tóčkovi
de tração dianteira	са предњим погоном	sa prédnjim pógonom
de tração traseira	на задњи погон	na zádnji pógon
de tração às 4 rodas	с погоном на четири точка	s pógonom na čétiri tóčka
caixa (f) de mudanças	мењач (м)	ménjač
automático (adj)	аутоматски	autómatski
mecânico (adj)	механички	mehánički
alavanca (f) de câmbio	мењач (м)	ménjač
farol (m)	светло (с), фар (м)	svétlo, far
faróis (m pl)	фарови (мн)	fárovi
farol (m) baixo	кратка светла (мн)	krátka svétla
farol (m) alto	дуга светла (мн)	dúga svétla
luzes (f pl) de parada	стоп светло (с)	stop svétlo
luzes (f pl) de posição	паркинг светла (мн)	párking svétla
luzes (f pl) de emergência	четири жмигавца (мн)	čétiri žmígavca
faróis (m pl) de neblina	светла (мн) за маглу	svétla za máglu
pisca-pisca (m)	мигавац (м)	mígavac
luz (f) de marcha ré	рикверц светло (с)	ríkverc svétlo

148. Carros. Habitáculo

interior (do carro)	унутрашњост (ж)	únutrašnjost
de couro	кожни	kóžni
de veludo	из велура	iz velúra
estofamento (m)	тапацирунг (м)	tapacírung
indicador (m)	инструмент (м)	instrúment
painel (m)	инструмент табла (ж)	instrúment tábla

| velocímetro (m) | брзиномер (м) | brzínomer |
| ponteiro (m) | казаљка (ж) | kázaljka |

hodômetro, odômetro (m)	километар сат (м)	kílometar sat
indicador (m)	мерач (м)	mérač
nível (m)	ниво (м)	nívo
luz (f) de aviso	лампица (ж) упозорава	lámpica upozorava

volante (m)	волан (м)	vólan
buzina (f)	сирена (ж)	siréna
botão (m)	дугме (с)	dúgme
interruptor (m)	прекидач (м)	prekídač

assento (m)	седиште (с)	sédište
costas (f pl) do assento	наслон (м)	náslon
cabeceira (f)	наслон (м) за главу	náslon za glávu
cinto (m) de segurança	сигурносни појас (м)	sigúrnosni pójas
apertar o cinto	везати појас	vézati pójas
ajuste (m)	подешавање (с)	podešávanje

| airbag (m) | ваздушни јастук (м) | vázdušni jástuk |
| ar (m) condicionado | клима уређај (м) | klíma úređaj |

rádio (m)	радио (м)	rádio
leitor (m) de CD	ЦД плејер (м)	CD pléjer
ligar (vt)	укључити (пг)	ukljúčiti
antena (f)	антена (ж)	anténa
porta-luvas (m)	претинац (м)	prétinac
cinzeiro (m)	пепељара (ж)	pepéljara

149. Carros. Motor

motor (m)	мотор (м)	mótor
a diesel	дизелски	dízelski
a gasolina	бензински	bénzinski

cilindrada (f)	запремина (ж) мотора	zápremina mótora
potência (f)	снага (ж)	snága
cavalo (m) de potência	коњска снага (ж)	kónjska snága
pistão (m)	клип (м)	klip
cilindro (m)	цилиндар (м)	cilíndar
válvula (f)	вентил (м)	véntil

injetor (m)	ињектор (м)	ínjektor
gerador (m)	генератор (м)	genérator
carburador (m)	карбуратор (м)	karburator
óleo (m) de motor	моторно уље (с)	mótorno úlje

radiador (m)	хладњак (м)	hládnjak
líquido (m) de arrefecimento	течност (ж) за хлађење	téčnost za hláđenje
ventilador (m)	вентилатор (м)	ventílator

| bateria (f) | акумулатор (м) | akumúlator |
| dispositivo (m) de arranque | стартер (м) | stárter |

| ignição (f) | паљење (с) | páljenje |
| vela (f) de ignição | свећица (ж) | svéćica |

terminal (m)	клема (ж)	kléma
terminal (m) positivo	плус (м)	plus
terminal (m) negativo	минус (м)	mínus
fusível (m)	осигурач (м)	osigúrač

filtro (m) de ar	ваздушни филтер (м)	vázdušni fílter
filtro (m) de óleo	филтер (м) за уље	fílter za úlje
filtro (m) de combustível	филтер (м) за гориво	fílter za górivo

150. Carros. Batidas. Reparação

acidente (m) de carro	саобраћајка (ж)	saobráćajka
acidente (m) rodoviário	саобраћајна несрећа (ж)	sáobraćajna nésreća
bater (~ num muro)	ударити (нг)	údariti
sofrer um acidente	разбити се	rázbiti se
dano (m)	штета (ж)	štéta
intato	нетакнут	nétaknut

pane (f)	квар (м)	kvar
avariar (vi)	покварити се	pokváriti se
cabo (m) de reboque	уже (с) за вучу	úže za vúču

furo (m)	рупа, пукнута гума (ж)	rúpa, púknuta gúma
estar furado	испумпати се	ispúmpati se
encher (vt)	пумпати (нг)	púmpati
pressão (f)	притисак (м)	prítisak
verificar (vt)	проверити (нг)	próveriti

reparo (m)	поправка (ж)	pópravka
oficina (f) automotiva	ауто сервис (м)	áuto sérvis
peça (f) de reposição	резервни део (м)	rézervni déo
peça (f)	део (м)	déo

parafuso (com porca)	завртањ (м)	závrtanj
parafuso (m)	шраф (м)	šraf
porca (f)	навртка (ж)	návrtka
arruela (f)	подлошка (ж)	pódloška
rolamento (m)	лежај (м)	léžaj

tubo (m)	црево (с)	crévo
junta, gaxeta (f)	заптивка (ж)	záptivka
fio, cabo (m)	жица (ж)	žíca

macaco (m)	дизалица (ж)	dízalica
chave (f) de boca	матични кључ (м)	mátični ključ
martelo (m)	чекић (м)	čékić
bomba (f)	пумпа (ж)	púmpa
chave (f) de fenda	шрафцигер (м)	šráfciger

| extintor (m) | противпожарни апарат (м) | protivpóžarni apárat |
| triângulo (m) de emergência | безбедносни троугао (м) | bezbédnosni tróugao |

morrer (motor)	гасити се	gásiti se
paragem, "morte" (f)	гашење (c)	gášenje
estar quebrado	бити покварен	biti pókvaren
superaquecer-se (vr)	прегрејати се	prégrejati se
entupir-se (vr)	зачепити се	začépiti se
congelar-se (vr)	смрзнути се	smŕznuti se
rebentar (vi)	пукнути (нг)	púknuti
pressão (f)	притисак (м)	prítisak
nível (m)	ниво (м)	nívo
frouxo (adj)	лабав	lábav
batida (f)	удубљење (c)	udubljénje
ruído (m)	лупање (c)	lúpanje
fissura (f)	пукотина (ж)	púkotina
arranhão (m)	огреботина (ж)	ogrebótina

151. Carros. Estrada

estrada (f)	пут (м)	put
autoestrada (f)	брзи пут (м)	bŕzi put
rodovia (f)	аутопут (м)	áutoput
direção (f)	правац (м)	právac
distância (f)	раздаљина (ж)	rázdaljina
ponte (f)	мост (м)	most
parque (m) de estacionamento	паркиралиште (c)	parkíralište
praça (f)	трг (м)	tŕg
nó (m) rodoviário	петља (ж)	pétlja
túnel (m)	тунел (м)	túnel
posto (m) de gasolina	бензинска станица (ж)	bénzinska stánica
parque (m) de estacionamento	паркиралиште (c)	parkíralište
bomba (f) de gasolina	пумпа (ж)	púmpa
oficina (f) automotiva	ауто сервис (м)	áuto sérvis
abastecer (vt)	напунити (нг)	nápuniti
combustível (m)	гориво (c)	górivo
galão (m) de gasolina	канта (ж) за гориво	kánta za górivo
asfalto (m)	асфалт (м)	ásfalt
marcação (f) de estradas	ознаке (мн) на коловозу	óznake na kólovozu
meio-fio (m)	ивичњак (м)	ívičnjak
guard-rail (m)	заштитна ограда (ж)	záštitna ógrada
valeta (f)	канал (м)	kánal
acostamento (m)	ивица (ж) пута	ívica puta
poste (m) de luz	стуб (м)	stub
dirigir (vt)	возити (нг)	vóziti
virar (~ para a direita)	скретати (нг)	skrétati
dar retorno	окренути се	okrénuti se
ré (f)	рикверц (м)	ríkverc
buzinar (vi)	трубити (нг)	trúbiti
buzina (f)	звучни сигнал (м)	zvúčni sígnal

atolar-se (vr)	заглавити се	zagláviti se
patinar (na lama)	окретати се у месту	okrétati se u méstu
desligar (vt)	гасити (пг)	gásiti

velocidade (f)	брзина (ж)	brzína
exceder a velocidade	прекорачити брзину	prekoráčiti brzinu
multar (vt)	кажњавати (пг)	kažnjávati
semáforo (m)	семафор (м)	sémafor
carteira (f) de motorista	возачка дозвола (ж)	vózačka dózvola

passagem (f) de nível	пружни прелаз (м)	prúžni prélaz
cruzamento (m)	раскрсница (ж)	ráskrsnica
faixa (f)	пешачки прелаз (м)	péšački prélaz
curva (f)	кривина (ж)	krivína
zona (f) de pedestres	пешачка зона (ж)	péšačka zona

PESSOAS. EVENTOS

152. Férias. Evento

festa (f)	празник (м)	práznik
feriado (m) nacional	национални празник (м)	nacionálni práznik
feriado (m)	празничан дан (м)	prázničan dan
festejar (vt)	празновати (пг)	práznovati
evento (festa, etc.)	догађај (м)	dógađaj
evento (banquete, etc.)	догађај (м)	dógađaj
banquete (m)	банкет (м)	bánket
recepção (f)	дочек, пријем (м)	dóček, príjem
festim (m)	гозба (ж)	gózba
aniversário (m)	годишњица (ж)	gódišnjica
jubileu (m)	јубилеј (м)	jubílej
celebrar (vt)	прославити (пг)	próslaviti
Ano (m) Novo	Нова година (ж)	Nóva gódina
Feliz Ano Novo!	Срећна Нова година!	Srećna Nóva gódina!
Papai Noel (m)	Деда Мраз (м)	Déda Mraz
Natal (m)	Божић (м)	Bóžić
Feliz Natal!	Срећан Божић!	Srećan Bóžić!
árvore (f) de Natal	Новогодишња јелка (ж)	Novogódišnja jélka
fogos (m pl) de artifício	ватромет (м)	vátromet
casamento (m)	свадба (ж)	svádba
noivo (m)	младожења (м)	mladóženja
noiva (f)	млада, невеста (ж)	mláda, névesta
convidar (vt)	позивати (пг)	pozívati
convite (m)	позивница (ж)	pózivnica
convidado (m)	гост (м)	gost
visitar (vt)	ићи у госте	íći u góste
receber os convidados	дочекивати госте	dočekívati góste
presente (m)	поклон (м)	póklon
oferecer, dar (vt)	поклањати (пг)	póklanjati
receber presentes	добијати поклоне	dóbijati póklone
buquê (m) de flores	букет (м)	búket
felicitações (f pl)	честитка (ж)	čestitka
felicitar (vt)	честитати (пг)	čestítati
cartão (m) de parabéns	честитка (ж)	čestitka
enviar um cartão postal	послати честитку	póslati čestitku
receber um cartão postal	добити честитку	dóbiti čestitku

brinde (m)	здравица (ж)	zdrávica
oferecer (vt)	нудити (пг)	núditi
champanhe (m)	шампањац (м)	šampánjac
divertir-se (vr)	веселити се	veséliti se
diversão (f)	весеље (с)	vesélje
alegria (f)	радост (ж)	rádost
dança (f)	плес (м)	ples
dançar (vi)	играти, плесати (нг)	ígrati, plésati
valsa (f)	валцер (м)	válcer
tango (m)	танго (м)	tángo

153. Funerais. Enterro

cemitério (m)	гробље (с)	gróblje
sepultura (f), túmulo (m)	гроб (м)	grob
cruz (f)	крст (м)	kŕst
lápide (f)	надгробни споменик (м)	nádgrobni spómenik
cerca (f)	ограда (ж)	ógrada
capela (f)	капела (ж)	kapéla
morte (f)	смрт (ж)	smŕt
morrer (vi)	умрети (нг)	úmreti
defunto (m)	покојник (м)	pókojnik
luto (m)	жалост (ж)	žálost
enterrar, sepultar (vt)	сахрањивати (пг)	sahranjívati
funerária (f)	погребно предузеће (с)	pógrebno preduzéće
funeral (m)	сахрана (ж)	sáhrana
coroa (f) de flores	венац (м)	vénac
caixão (m)	ковчег (м)	kóvčeg
carro (m) funerário	погребна кола (ж)	pógrebna kóla
mortalha (f)	мртвачки покров (м)	mŕtvački pókrov
procissão (f) funerária	погребна поворка (ж)	pógrebna póvorka
urna (f) funerária	погребна урна (ж)	pógrebna úrna
crematório (m)	крематоријум (м)	krematórijum
obituário (m), necrologia (f)	читуља (ж)	čítulja
chorar (vi)	плакати (нг)	plákati
soluçar (vi)	јецати (пг)	jécati

154. Guerra. Soldados

pelotão (m)	вод (м)	vod
companhia (f)	чета (ж)	četa
regimento (m)	пук (м)	púk
exército (m)	армија (ж)	ármija
divisão (f)	дивизија (ж)	divízija

esquadrão (m)	одред (м)	ódred
hoste (f)	војска (ж)	vójska
soldado (m)	војник (м)	vójnik
oficial (m)	официр (м)	ofícir
soldado (m) raso	редов (м)	rédov
sargento (m)	наредник (м)	nárednik
tenente (m)	поручник (м)	póručnik
capitão (m)	капетан (м)	kapétan
major (m)	мајор (м)	májor
coronel (m)	пуковник (м)	púkovnik
general (m)	генерал (м)	genéral
marujo (m)	поморац, морнар (м)	pómorac, mórnar
capitão (m)	капетан (м)	kapétan
contramestre (m)	вођа (м) палубе	vóđa pálube
artilheiro (m)	артиљерац (м)	artiljérac
soldado (m) paraquedista	падобранац (м)	pádobranac
piloto (m)	пилот (м)	pílot
navegador (m)	навигатор (м)	navígator
mecânico (m)	механичар (м)	mehániĉar
sapador-mineiro (m)	деминер (м)	demíner
paraquedista (m)	падобранац (м)	pádobranac
explorador (m)	извиђач (м)	izvíđač
atirador (m) de tocaia	снајпер (м)	snájper
patrulha (f)	патрола (ж)	patróla
patrulhar (vt)	патролирати (нг, пг)	patrolírati
sentinela (f)	стражар (м)	strážar
guerreiro (m)	војник (м)	vójnik
patriota (m)	патриота (м)	patrióta
herói (m)	јунак (м)	júnak
heroína (f)	јунакиња (ж)	junákinja
traidor (m)	издајник (м)	ízdajnik
trair (vt)	издавати (пг)	izdávati
desertor (m)	дезертер (м)	dezérter
desertar (vt)	дезертирати (нг)	dezertírati
mercenário (m)	најамник (м)	nájamnik
recruta (m)	регрут (м)	régrut
voluntário (m)	добровољац (м)	dobrovóljac
morto (m)	убијен (м)	úbijen
ferido (m)	рањеник (м)	ránjenik
prisioneiro (m) de guerra	заробљеник (м)	zarobljénik

155. Guerra. Ações militares. Parte 1

guerra (f)	рат (м)	rat
guerrear (vt)	ратовати (нг)	rátovati

guerra (f) civil	грађански рат (м)	grÃ¡đanski rat
perfidamente	подмукло	pódmuklo
declaração (f) de guerra	објава (ж) рата	óbjava rata
declarar guerra	објавити (пг)	objáviti
agressão (f)	агресија (ж)	agrésija
atacar (vt)	нападати (нг)	nápadati
invadir (vt)	инвадирати, окупирати (пг)	invadírati, okupírati
invasor (m)	освајач (м)	osvájač
conquistador (m)	освајач (м)	osvájač
defesa (f)	одбрана (ж)	ódbrana
defender (vt)	бранити (пг)	brániti
defender-se (vr)	бранити се	brániti se
inimigo (m)	непријатељ (м)	néprijatelj
adversário (m)	противник (м)	prótivnik
inimigo (adj)	непријатељски	neprijatéljski
estratégia (f)	стратегија (ж)	strátegija
tática (f)	тактика (ж)	táktika
ordem (f)	наредба (ж)	náredba
comando (m)	команда (ж)	kómanda
ordenar (vt)	наређивати (пг)	naređívati
missão (f)	задатак (м)	zadátak
secreto (adj)	тајни	tájni
batalha (f)	битка (ж)	bítka
combate (m)	бој, битка (ж)	boj, bítka
ataque (m)	напад (м)	nápad
assalto (m)	јуриш (м)	júriš
assaltar (vt)	јуришати (пг)	juríšati
assédio, sítio (m)	опсада (ж)	ópsada
ofensiva (f)	офанзива (ж)	ofanzíva
tomar à ofensiva	прећи у напад	préći u nápad
retirada (f)	повлачење (с)	povlačénje
retirar-se (vr)	одступати (нг)	odstúpati
cerco (m)	опкољавање (с)	opkoljávanje
cercar (vt)	опкољавати (пг)	opkoljávati
bombardeio (m)	бомбардовање (с)	bómbardovanje
lançar uma bomba	избацити бомбу	izbáciti bómbu
bombardear (vt)	бомбардовати (пг)	bómbardovati
explosão (f)	експлозија (ж)	eksplózija
tiro (m)	пуцањ (м)	púcanj
dar um tiro	пуцати (нг)	púcati
tiroteio (m)	пуцање (с)	púcanje
apontar para …	циљати (пг)	cíljati
apontar (vt)	уперити (пг)	upériti

acertar (vt)	погодити (пг)	pogóditi
afundar (~ um navio, etc.)	потопити (пг)	potópiti
brecha (f)	рупа (ж)	rúpa
afundar-se (vr)	тонути (нг)	tónuti
frente (m)	фронт (м)	front
evacuação (f)	евакуација (ж)	evakuácija
evacuar (vt)	евакуисати (пг)	evakuísati
trincheira (f)	ров (м)	rov
arame (m) enfarpado	бодљикава жица (ж)	bódljikava žíca
barreira (f) anti-tanque	препрека (ж)	prépreka
torre (f) de vigia	осматрачница (ж)	osmátračnica
hospital (m) militar	војна болница (ж)	vójna bólnica
ferir (vt)	ранити (пг)	rániti
ferida (f)	рана (ж)	rána
ferido (m)	рањеник (м)	ránjenik
ficar ferido	бити рањен	bíti ránjen
grave (ferida ~)	озбиљан	ózbiljan

156. Armas

arma (f)	оружје (с)	óružje
arma (f) de fogo	ватрено оружје (с)	vátreno óružje
arma (f) branca	хладно оружје (с)	hládno oružje
arma (f) química	хемијско оружје (с)	hémijsko óružje
nuclear (adj)	нуклеарни	núklearni
arma (f) nuclear	нуклеарно оружје (с)	núklearno óružje
bomba (f)	бомба (ж)	bómba
bomba (f) atômica	атомска бомба (ж)	átomska bómba
pistola (f)	пиштољ (м)	píštolj
rifle (m)	пушка (ж)	púška
semi-automática (f)	аутомат (м)	autómat
metralhadora (f)	митраљез (м)	mitráljez
boca (f)	грло (с)	gŕlo
cano (m)	цев (ж)	cev
calibre (m)	калибар (м)	kalíbar
gatilho (m)	окидач (м)	okídač
mira (f)	нишан (м)	níšan
carregador (m)	шаржер (м)	šáržer
coronha (f)	кундак (м)	kúndak
granada (f) de mão	граната (ж)	granáta
explosivo (m)	експлозив (м)	eksplóziv
bala (f)	пројектил (м)	projéktil
cartucho (m)	метак (м)	métak
carga (f)	набој (м)	náboj

munições (f pl)	муниција (ж)	munícija
bombardeiro (m)	бомбардер (м)	bombárder
avião (m) de caça	ловачки авион (м)	lóvački avíon
helicóptero (m)	хеликоптер (м)	helikópter

canhão (m) antiaéreo	против авионски топ (м)	prótiv avíonski top
tanque (m)	тенк (м)	tenk
canhão (de um tanque)	топ (м)	top

artilharia (f)	артиљерија (ж)	artiljérija
canhão (m)	топ (м)	top
fazer a pontaria	уперити (пг)	upériti

projétil (m)	пројектил (м)	projéktil
granada (f) de morteiro	минобацачка мина (ж)	minobácačka mína
morteiro (m)	минобацач (м)	minobácač
estilhaço (m)	комадић (м)	komádić

submarino (m)	подморница (ж)	pódmornica
torpedo (m)	торпедо (м)	torpédo
míssil (m)	ракета (ж)	rakéta

carregar (uma arma)	пунити (пг)	púniti
disparar, atirar (vi)	пуцати (нг)	púcati
apontar para …	циљати (пг)	cíljati
baioneta (f)	бајонет (м)	bajónet

espada (f)	мач (м)	mač
sabre (m)	сабља (ж)	sáblja
lança (f)	копље (с)	kóplje
arco (m)	лук (м)	luk
flecha (f)	стрела (ж)	stréla
mosquete (m)	мускета (ж)	músketa
besta (f)	самострел (м)	sámostrel

157. Povos da antiguidade

primitivo (adj)	првобитни	pŕvobitni
pré-histórico (adj)	праисторијски	praistórijski
antigo (adj)	древни	drévni

Idade (f) da Pedra	Камено доба (с)	Kámeno dóba
Idade (f) do Bronze	Бронзано доба (с)	Brónzano dóba
Era (f) do Gelo	Ледено доба (с)	Lédeno dóba

tribo (f)	племе (с)	pléme
canibal (m)	људождер (м)	ljudóžder
caçador (m)	ловац (м)	lóvac
caçar (vi)	ловити (пг)	lóviti
mamute (m)	мамут (м)	mámut

caverna (f)	пећина (ж)	pećina
fogo (m)	ватра (ж)	vátra
fogueira (f)	логорска ватра (ж)	lógorska vátra

pintura (f) rupestre	пећинска слика (ж)	péćinska slíka
ferramenta (f)	алат (м)	álat
lança (f)	копље (с)	kóplje
machado (m) de pedra	камена секира (ж)	kámena sékira
guerrear (vt)	ратовати (нг)	rátovati
domesticar (vt)	припитомљивати (пг)	pripitomljívati
ídolo (m)	идол (м)	ídol
adorar, venerar (vt)	обожавати (пг)	obožávati
superstição (f)	сујеверје (с)	sújeverje
ritual (m)	обред (м)	óbred
evolução (f)	еволуција (ж)	evolúcija
desenvolvimento (m)	развој (м)	rázvoj
extinção (f)	нестанак (м)	néstanak
adaptar-se (vr)	прилагођавати се	prilagođávati se
arqueologia (f)	археологија (ж)	arheológija
arqueólogo (m)	археолог (м)	arheólog
arqueológico (adj)	археолошки	arheóloški
escavação (sítio)	археолошко налазиште (с)	arheóloško nálazište
escavações (f pl)	ископине (мн)	ískopine
achado (m)	налаз (м)	nálaz
fragmento (m)	фрагмент (м)	frágment

158. Idade média

povo (m)	народ (м)	národ
povos (m pl)	народи (мн)	národi
tribo (f)	племе (с)	pléme
tribos (f pl)	племена (мн)	plemena
bárbaros (pl)	Варвари (мн)	Várvari
galeses (pl)	Гали (мн)	Gáli
godos (pl)	Готи (мн)	Góti
eslavos (pl)	Славени (мн)	Slavéni
viquingues (pl)	Викинзи (мн)	Víkinzi
romanos (pl)	Римљани (мн)	Rímljani
romano (adj)	римски	rímski
bizantinos (pl)	Византијци (мн)	Vizántijci
Bizâncio	Византија (ж)	Vizántija
bizantino (adj)	византијски	vizántijski
imperador (m)	император (м)	imperátor
líder (m)	вођа, поглавица (м)	vóđa, póglavica
poderoso (adj)	моћан	móćan
rei (m)	краљ (м)	kralj
governante (m)	владар (м)	vládar
cavaleiro (m)	витез (м)	vítez
senhor feudal (m)	феудалац (м)	feudálac

feudal (adj)	феудалан	féudalan
vassalo (m)	вазал (м)	vázal
duque (m)	војвода (м)	vójvoda
conde (m)	гроф (м)	grof
barão (m)	барон (м)	báron
bispo (m)	епископ (м)	épiskop
armadura (f)	оклоп (м)	óklop
escudo (m)	штит (м)	štit
espada (f)	мач (м)	mač
viseira (f)	визир (м)	vízir
cota (f) de malha	панцирна кошуља (ж)	páncirna kóšulja
cruzada (f)	крсташки рат (м)	kŕstaški rat
cruzado (m)	крсташ (м)	kŕstaš
território (m)	територија (ж)	teritórija
atacar (vt)	нападати (нг)	nápadati
conquistar (vt)	освојити (пг)	osvójiti
ocupar, invadir (vt)	окупирати (пг)	okupírati
assédio, sítio (m)	опсада (ж)	ópsada
sitiado (adj)	опсађени	ópsađeni
assediar, sitiar (vt)	опколити (пг)	opkóliti
inquisição (f)	инквизиција (ж)	inkvizícija
inquisidor (m)	инквизитор (м)	inkvízitor
tortura (f)	тортура (ж)	tortúra
cruel (adj)	окрутан	ókrutan
herege (m)	јеретик (м)	jéretik
heresia (f)	јерес (ж)	jéres
navegação (f) marítima	морепловство (с)	moreplóvstvo
pirata (m)	гусар (м)	gúsar
pirataria (f)	гусарство (с)	gúsarstvo
abordagem (f)	укрцај (м), укрцавање (с)	úkrcaj, ukrcávanje
presa (f), butim (m)	плен (м)	plen
tesouros (m pl)	благо (с)	blágo
descobrimento (m)	откриће (с)	otkríće
descobrir (novas terras)	открити (пг)	ótkriti
expedição (f)	експедиција (ж)	ekspedícija
mosqueteiro (m)	мускетар (м)	músketar
cardeal (m)	кардинал (м)	kardínal
heráldica (f)	хералдика (ж)	heráldika
heráldico (adj)	хералдички	heráldički

159. Líder. Chefe. Autoridades

rei (m)	краљ (м)	kralj
rainha (f)	краљица (ж)	králjica
real (adj)	краљевски	králjevski

reino (m)	краљевина (ж)	králjevina
príncipe (m)	принц (м)	princ
princesa (f)	принцеза (ж)	princéza
presidente (m)	председник (м)	prédsednik
vice-presidente (m)	потпредседник (м)	potprédsednik
senador (m)	сенатор (м)	sénator
monarca (m)	монарх (м)	mónarh
governante (m)	владар (м)	vládar
ditador (m)	диктатор (м)	diktátor
tirano (m)	тиранин (м)	tíranin
magnata (m)	магнат (м)	mágnat
diretor (m)	директор (м)	dírektor
chefe (m)	шеф (м)	šef
gerente (m)	менацер (м)	ménadžer
patrão (m)	газда (м)	gázda
dono (m)	власник (м)	vlásnik
líder (m)	вођа, лидер (м)	vóđa, líder
chefe (m)	глава (ж)	gláva
autoridades (f pl)	власти (мн)	vlásti
superiores (m pl)	руководство (с)	rúkovodstvo
governador (m)	гувернер (м)	guvérner
cônsul (m)	конзул (м)	kónzul
diplomata (m)	дипломат (м)	diplómat
Presidente (m) da Câmara	градоначелник (м)	gradonáčelnik
xerife (m)	шериф (м)	šérif
imperador (m)	император (м)	imperátor
czar (m)	цар (м)	car
faraó (m)	фараон (м)	faráon
cã, khan (m)	кан (м)	kan

160. Violação da lei. Criminosos. Parte 1

bandido (m)	бандит (м)	bándit
crime (m)	злочин (м)	zlóčin
criminoso (m)	злочинац (м)	zlóčinac
ladrão (m)	лопов (м)	lópov
roubar (vt)	красти (нг, пг)	krásti
roubo (atividade)	крађа (ж)	kráđa
furto (m)	крађа (ж)	kráđa
raptar, sequestrar (vt)	киднаповати (пг)	kidnapóvati
sequestro (m)	отмица (ж),	ótmica,
	киднаповање (с)	kidnapovanje
sequestrador (m)	киднапер (м)	kidnáper
resgate (m)	откуп (м)	ótkup
pedir resgate	тражити откуп	trážiti ótkup

roubar (vt)	пљачкати (пг)	pljáčkati
assalto, roubo (m)	пљачка (ж)	pljáčka
assaltante (m)	пљачкаш (м)	pljáčkaš

extorquir (vt)	уцењивати (пг)	ucenjívati
extorsionário (m)	изнуђивач (м)	iznuđívač
extorsão (f)	изнуђивање (с)	iznuđívanje

matar, assassinar (vt)	убити (пг)	úbiti
homicídio (m)	убиство (с)	úbistvo
homicida, assassino (m)	убица (м)	úbica

tiro (m)	пуцањ (м)	púcanj
dar um tiro	пуцати (нг)	púcati
matar a tiro	устрелити (пг)	ustréliti
disparar, atirar (vi)	пуцати (нг)	púcati
tiroteio (m)	пуцњава (ж)	púcnjava

incidente (m)	инцидент (м)	incídent
briga (~ de rua)	туча (ж)	túča
Socorro!	Упомоћ! У помоћ!	Upómoć! U pómoć!
vítima (f)	жртва (ж)	žŕtva

danificar (vt)	оштетити (пг)	óštetiti
dano (m)	штета (ж)	štéta
cadáver (m)	леш (м)	leš
grave (adj)	тежак	téžak

atacar (vt)	нападати (нг)	nápadati
bater (espancar)	ударати (пг)	údarati
espancar (vt)	претући (пг)	prétući
tirar, roubar (dinheiro)	отети (пг)	óteti
esfaquear (vt)	избости ножем	ízbosti nóžem

mutilar (vt)	осакатити (пг)	osákatiti
ferir (vt)	ранити (пг)	rániti

chantagem (f)	уцењивање (с)	ucenjívanje
chantagear (vt)	уцењивати (пг)	ucenjívati
chantagista (m)	уцењивач (м)	ucenjívač

extorsão (f)	рекет (м)	réket
extorsionário (m)	рекеташ (м)	réketaš

gângster (m)	гангстер (м)	gángster
máfia (f)	мафија (ж)	máfija

punguista (m)	џепарош (м)	džéparoš
assaltante, ladrão (m)	обијач (м)	obíjač

contrabando (m)	шверц (м)	šverc
contrabandista (m)	кријумчар (м)	kríjumčar

falsificação (f)	кривотворење (с)	krivotvórenje
falsificar (vt)	кривотворити (пг)	krivotvóriti
falsificado (adj)	лажни	lážni

161. Violação da lei. Criminosos. Parte 2

estupro (m)	силовање (c)	sílovanje
estuprar (vt)	силовати (пг)	sílovati
estuprador (m)	силоватељ (м)	silóvatelj
maníaco (m)	манијак (м)	mánijak
prostituta (f)	проститутка (ж)	próstitutka
prostituição (f)	проституција (ж)	prostitúcija
cafetão (m)	макро (м)	mákro
drogado (m)	наркоман (м)	nárkoman
traficante (m)	продавац (м) дроге	prodávac dróge
explodir (vt)	разнети (пг)	rázneti
explosão (f)	експлозија (ж)	eksplózija
incendiar (vt)	запалити (пг)	zapáliti
incendiário (m)	потпаљивач (м)	potpaljívač
terrorismo (m)	тероризам (м)	terorízam
terrorista (m)	терориста (м)	terorísta
refém (m)	талац (м)	tálac
enganar (vt)	преварити (пг)	prévariti
engano (m)	превара (ж)	prévara
vigarista (m)	варалица (м)	váralica
subornar (vt)	потплатити (пг)	potplátiti
suborno (atividade)	подмићивање (c)	podmićívanje
suborno (dinheiro)	мито (c)	míto
veneno (m)	отров (м)	ótrov
envenenar (vt)	отровати (пг)	otróvati
envenenar-se (vr)	отровати се	otróvati se
suicídio (m)	самоубиство (c)	samoubístvo
suicida (m)	самоубица (м, ж)	samoubíca
ameaçar (vt)	претити (нг)	prétiti
ameaça (f)	претња (ж)	prétnja
atentar contra a vida de ...	покушавати (пг)	pokušávati
atentado (m)	покушај, атентат (м)	pókušaj, aténtat
roubar (um carro)	украсти, отети (пг)	úkrasti, óteti
sequestrar (um avião)	отети (пг)	óteti
vingança (f)	освета (ж)	ósveta
vingar (vt)	освећивати (пг)	osvećívati
torturar (vt)	мучити (пг)	múčiti
tortura (f)	тортура (ж)	tortúra
atormentar (vt)	мучити (пг)	múčiti
pirata (m)	гусар (м)	gúsar
desordeiro (m)	хулиган (м)	húligan

armado (adj)	наоружан	náoružan
violência (f)	насиље (c)	násilje
ilegal (adj)	илегалан	ílegalan

| espionagem (f) | шпијунажа (ж) | špijunáža |
| espionar (vi) | шпијунирати (нг) | špijunírati |

162. Polícia. Lei. Parte 1

| justiça (sistema de ≈) | правосуђе (c) | právosuđe |
| tribunal (m) | суд (м) | sud |

juiz (m)	судија (м)	súdija
jurados (m pl)	поротници (мн)	pórotnici
tribunal (m) do júri	суђење (c) пред поротом	súđenje pred pórotom
julgar (vt)	судити (нг)	súditi

advogado (m)	адвокат (м)	advókat
réu (m)	окривљеник (м)	ókrivljenik
banco (m) dos réus	оптуженичка клупа (ж)	optuženička klúpa

| acusação (f) | оптужба (ж) | óptužba |
| acusado (m) | оптуженик (м) | óptuženik |

| sentença (f) | пресуда (ж) | présuda |
| sentenciar (vt) | осудити (пг) | osúditi |

culpado (m)	кривац (м)	krívac
punir (vt)	казнити (пг)	kázniti
punição (f)	казна (ж)	kázna

multa (f)	новчана казна (ж)	nóvčana kázna
prisão (f) perpétua	доживотна робија (ж)	dóživotna róbija
pena (f) de morte	смртна казна (ж)	smŕtna kázna
cadeira (f) elétrica	електрична столица (ж)	eléktrična stólica
forca (f)	вешала (мн)	véšala

| executar (vt) | смакнути (пг) | smáknuti |
| execução (f) | казна (ж) | kázna |

| prisão (f) | затвор (м) | zátvor |
| cela (f) de prisão | ћелија (ж) | ćélija |

escolta (f)	пратња (ж)	prátnja
guarda (m) prisional	чувар (м)	čúvar
preso, prisioneiro (m)	затвореник (м)	zatvorénik

| algemas (f pl) | лисице (мн) | lísice |
| algemar (vt) | ставити лисице | stáviti lísice |

fuga, evasão (f)	бекство (c)	békstvo
fugir (vi)	побећи (нг)	póbeći
desaparecer (vi)	ишчезнути (нг)	íščeznuti
soltar, libertar (vt)	ослободити (пг)	oslobóditi

anistia (f)	амнестија (ж)	amnéstija
polícia (instituição)	полиција (ж)	polícija
polícia (m)	полицајац (м)	policájac
delegacia (f) de polícia	полицијска станица (ж)	polícijska stánica
cassetete (m)	пендрек (м)	péndrek
megafone (m)	мегафон (м)	mégafon

carro (m) de patrulha	патролна кола (ж)	pátrolna kóla
sirene (f)	сирена (ж)	siréna
ligar a sirene	укључити сирену	uključiti sirénu
toque (m) da sirene	звук (м) сирене	zvuk siréne

cena (f) do crime	место (c) жлочина	mésto žlóčina
testemunha (f)	сведок (м)	svédok
liberdade (f)	слобода (ж)	slobóda
cúmplice (m)	саучесник (м)	sáučesnik
escapar (vi)	побећи (нг)	póbeći
traço (não deixar ~s)	траг (м)	trag

163. Polícia. Lei. Parte 2

procura (f)	потрага (ж)	pótraga
procurar (vt)	тражити (нг)	trážiti
suspeita (f)	сумња (ж)	súmnja
suspeito (adj)	сумњив	súmnjiv
parar (veículo, etc.)	зауставити (нг)	zaústaviti
deter (fazer parar)	задржати (нг)	zadržati

caso (~ criminal)	кривични предмет (м)	krívični prédmet
investigação (f)	истрага (ж)	ístraga
detetive (m)	детектив (м)	detéktiv
investigador (m)	истражитељ (м)	istrážitelj
versão (f)	верзија (ж)	vérzija

motivo (m)	мотив (м)	mótiv
interrogatório (m)	саслушавање (c)	saslušávanje
interrogar (vt)	саслушати (нг)	sáslušati
questionar (vt)	испитивати (нг)	ispitívati
verificação (f)	провера (ж)	próvera

batida (f) policial	рација (ж)	rácija
busca (f)	претрес (м)	prétres
perseguição (f)	потера (ж)	pótera
perseguir (vt)	гонити (нг)	góniti
seguir, rastrear (vt)	пратити (нг)	prátiti

prisão (f)	хапшење (c)	hápšenje
prender (vt)	ухапсити (нг)	úhapsiti
pegar, capturar (vt)	ухватити (нг)	úhvatiti
captura (f)	хватање, хапшење (c)	hvátanje, hápšenje

documento (m)	документ (м)	dokúmenat
prova (f)	доказ (м)	dókaz
provar (vt)	доказивати (нг)	dokazívati

pegada (f)	отисак (м) стопала	ótisak stópala
impressões (f pl) digitais	отисци (мн) прстију	ótisci pŕstiju
prova (f)	доказ (м)	dókaz
álibi (m)	алиби (м)	álibi
inocente (adj)	недужан	nédužan
injustiça (f)	неправда (ж)	népravda
injusto (adj)	неправедан	népravedan
criminal (adj)	криминалан	kríminalan
confiscar (vt)	конфисковати (пг)	kónfiskovati
droga (f)	дрога (ж)	dróga
arma (f)	оружје (с)	óružje
desarmar (vt)	разоружати (пг)	razorúžati
ordenar (vt)	наређивати (пг)	naređívati
desaparecer (vi)	ишчезнути (нг)	íščeznuti
lei (f)	закон (м)	zákon
legal (adj)	законит	zákonit
ilegal (adj)	незаконит	nezákonit
responsabilidade (f)	одговорност (ж)	odgovórnost
responsável (adj)	одговоран	ódgovoran

NATUREZA

A Terra. Parte 1

espaço, cosmo (m)	свемир (м)	svémir
espacial, cósmico (adj)	космички	kósmički
espaço (m) cósmico	свемирски простор (м)	svémirski próstor
mundo (m)	свет (м)	svet
universo (m)	универзум (м)	univérzum
galáxia (f)	галаксија (ж)	galáksija
estrela (f)	звезда (ж)	zvézda
constelação (f)	сазвежђе (с)	sázvežđe
planeta (m)	планета (ж)	planéta
satélite (m)	сателит (м)	satélit
meteorito (m)	метеорит (м)	meteórit
cometa (m)	комета (ж)	kométa
asteroide (m)	астероид (м)	asteróid
órbita (f)	путања, орбита (ж)	pútanja, órbita
girar (vi)	окретати се	okrétati se
atmosfera (f)	атмосфера (ж)	atmosféra
Sol (m)	Сунце (с)	Súnce
Sistema (m) Solar	Сунчев систем (м)	Súnčev sístem
eclipse (m) solar	Помрачење (с) Сунца	Pomračénje Súnca
Terra (f)	Земља (ж)	Zémlja
Lua (f)	Месец (м)	Mésec
Marte (m)	Марс (м)	Mars
Vênus (f)	Венера (ж)	Venéra
Júpiter (m)	Јупитер (м)	Júpiter
Saturno (m)	Сатурн (м)	Sáturn
Mercúrio (m)	Меркур (м)	Mérkur
Urano (m)	Уран (м)	Uran
Netuno (m)	Нептун (м)	Néptun
Plutão (m)	Плутон (м)	Plúton
Via Láctea (f)	Млечни пут (м)	Mléčni put
Ursa Maior (f)	Велики медвед (м)	Véliki médved
Estrela Polar (f)	Северњача (ж)	Sevérnjača
marciano (m)	марсовац (м)	marsóvac
extraterrestre (m)	ванземаљац (м)	vanzemáljac

| alienígena (m) | свемирац (м) | svemírac |
| disco (m) voador | летећи тањир (м) | léteći tánjir |

espaçonave (f)	свемирски брод (м)	svémirski brod
estação (f) orbital	орбитална станица (ж)	órbitalna stánica
lançamento (m)	лансирање (с)	lánsiranje

motor (m)	мотор (м)	mótor
bocal (m)	млазница (ж)	mláznica
combustível (m)	гориво (с)	górivo

cabine (f)	кабина (ж)	kabína
antena (f)	антена (ж)	anténa
vigia (f)	бродски прозор (м)	bródski prózor
bateria (f) solar	соларни панел (м)	sólarni pánel
traje (m) espacial	скафандар (м)	skafándar

| imponderabilidade (f) | бестежинско стање (с) | béstežinsko stánje |
| oxigênio (m) | кисеоник (м) | kiseónik |

| acoplagem (f) | пристајање (с) | prístajanje |
| fazer uma acoplagem | спајати се (нг) | spájati se |

observatório (m)	опсерваторија (ж)	opservatórija
telescópio (m)	телескоп (м)	téleskop
observar (vt)	посматрати (нг)	posmátrati
explorar (vt)	истраживати (пг)	istražívati

165. A Terra

Terra (f)	Земља (ж)	Zémlja
globo terrestre (Terra)	земљина кугла (ж)	zémljina kúgla
planeta (m)	планета (ж)	planéta

atmosfera (f)	атмосфера (ж)	atmosféra
geografia (f)	географија (ж)	geográfija
natureza (f)	природа (ж)	príroda

globo (mapa esférico)	глобус (м)	glóbus
mapa (m)	мапа (ж)	mápa
atlas (m)	атлас (м)	átlas

| Europa (f) | Европа (ж) | Evrópa |
| Ásia (f) | Азија (ж) | Ázija |

| África (f) | Африка (ж) | Áfrika |
| Austrália (f) | Аустралија (ж) | Austrálija |

América (f)	Америка (ж)	Amérika
América (f) do Norte	Северна Америка (ж)	Séverna Amérika
América (f) do Sul	Јужна Америка (ж)	Júžna Amérika

| Antártida (f) | Антарктик (м) | Antárktik |
| Ártico (m) | Арктик (м) | Árktik |

166. Pontos cardeais

norte (m)	север (м)	séver
para norte	према северу	préma séveru
no norte	на северу	na séveru
do norte (adj)	северни	séverni
sul (m)	југ (м)	jug
para sul	према југу	préma júgu
no sul	на југу	na júgu
do sul (adj)	јужни	júžni
oeste, ocidente (m)	запад (м)	západ
para oeste	према западу	préma západu
no oeste	на западу	na západu
ocidental (adj)	западни	západni
leste, oriente (m)	исток (м)	ístok
para leste	према истоку	préma ístoku
no leste	на истоку	na ístoku
oriental (adj)	источни	ístočni

167. Mar. Oceano

mar (m)	море (с)	móre
oceano (m)	океан (м)	okéan
golfo (m)	залив (м)	záliv
estreito (m)	мореуз (м)	móreuz
terra (f) firme	копно (с)	kópno
continente (m)	континент (м)	kontínent
ilha (f)	острво (с)	óstrvo
península (f)	полуострво (с)	poluóstrvo
arquipélago (m)	архипелаг (м)	arhipélag
baía (f)	залив (м)	záliv
porto (m)	лука (ж)	lúka
lagoa (f)	лагуна (ж)	lagúna
cabo (m)	рт (м)	ŕt
atol (m)	атол (м)	átol
recife (m)	гребен (м)	grében
coral (m)	корал (м)	kóral
recife (m) de coral	корални гребен (м)	kóralni grében
profundo (adj)	дубок	dúbok
profundidade (f)	дубина (ж)	dubína
abismo (m)	бездан (м)	bézdan
fossa (f) oceânica	ров (м)	rov
corrente (f)	струја (ж)	strúja
banhar (vt)	окруживати (пг)	okružívati
litoral (m)	обала (ж)	óbala

costa (f)	обала (ж)	óbala
maré (f) alta	плима (ж)	plíma
refluxo (m)	осека (ж)	óseka
restinga (f)	плићак (м)	plíćak
fundo (m)	дно (c)	dno

onda (f)	талас (м)	tálas
crista (f) da onda	гребен (м) таласа	grében talasá
espuma (f)	пена (ж)	péna

tempestade (f)	морска олуја (ж)	mórska olúja
furacão (m)	ураган (м)	úragan
tsunami (m)	цунами (м)	cunámi
calmaria (f)	безветрица (ж)	bézvetrica
calmo (adj)	миран	míran

| polo (m) | пол (м) | pol |
| polar (adj) | поларни | pólarni |

latitude (f)	ширина (ж)	širína
longitude (f)	дужина (ж)	dužína
paralela (f)	паралела (ж)	paraléla
equador (m)	екватор (м)	ékvator

céu (m)	небо (c)	nébo
horizonte (m)	хоризонт (м)	horízont
ar (m)	ваздух (м)	vázduh

farol (m)	светионик (м)	svetiónik
mergulhar (vi)	ронити (нг)	róniti
afundar-se (vr)	потонути (нг)	potónuti
tesouros (m pl)	благо (c)	blágo

168. Montanhas

montanha (f)	планина (ж)	planína
cordilheira (f)	планински венац (м)	pláninski vénac
serra (f)	планински гребен (м)	pláninski grében

cume (m)	врх (м)	vŕh
pico (m)	плански врх (м)	plániski vŕh
pé (m)	подножје (c)	pódnožje
declive (m)	нагиб (м), падина (ж)	nágib, pádina

vulcão (m)	вулкан (м)	vúlkan
vulcão (m) ativo	активни вулкан (м)	áktivni vúlkan
vulcão (m) extinto	угашени вулкан (м)	úgašeni vúlkan

erupção (f)	ерупција (ж)	erúpcija
cratera (f)	кратер (м)	kráter
magma (m)	магма (ж)	mágma
lava (f)	лава (ж)	láva
fundido (lava ~a)	врућ	vrúć
cânion, desfiladeiro (m)	кањон (м)	kánjon

garganta (f)	клисура (ж)	klisúra
fenda (f)	пукотина (ж)	púkotina
precipício (m)	амбис, понор (м)	ámbis, pónor
passo, colo (m)	превој (м)	prévoj
planalto (m)	висораван (ж)	vísoravan
falésia (f)	литица (ж)	lítica
colina (f)	брег (м)	breg
geleira (f)	леденик (м)	ledénik
cachoeira (f)	водопад (м)	vódopad
gêiser (m)	гејзер (м)	géjzer
lago (m)	језеро (с)	jézero
planície (f)	равница (ж)	ravníca
paisagem (f)	пејзаж (м)	péjzaž
eco (m)	одјек (м)	ódjek
alpinista (m)	планинар (м)	planínar
escalador (m)	алпиниста (м)	alpinísta
conquistar (vt)	освајати (пг)	osvájati
subida, escalada (f)	пењање (с)	pénjanje

169. Rios

rio (m)	река (ж)	réka
fonte, nascente (f)	извор (м)	ízvor
leito (m) de rio	корито (с)	kórito
bacia (f)	слив (м)	sliv
desaguar no ...	уливати се	ulívati se
afluente (m)	притока (ж)	prítoka
margem (do rio)	обала (ж)	óbala
corrente (f)	ток (м)	tok
rio abaixo	низводно	nízvodno
rio acima	узводно	úzvodno
inundação (f)	поплава (ж)	póplava
cheia (f)	поводањ (м)	póvodanj
transbordar (vi)	изливати се	izlívati se
inundar (vt)	преплавити (пг)	prepláviti
banco (m) de areia	плићак (м)	plíćak
corredeira (f)	брзак (м)	bŕzak
barragem (f)	брана (ж)	brána
canal (m)	канал (м)	kánal
reservatório (m) de água	вештачко језеро (с)	véštačko jézero
eclusa (f)	преводница (ж)	prévodnica
corpo (m) de água	резервоар (м)	rezervóar
pântano (m)	мочвара (ж)	móčvara
lamaçal (m)	баруштина (ж)	báruština

redemoinho (m)	вртлог (м)	vŕtlog
riacho (m)	поток (м)	pótok
potável (adj)	питка	pítka
doce (água)	слатка	slátka
gelo (m)	лед (м)	led
congelar-se (vr)	смрзнути се	smŕznuti se

170. Floresta

floresta (f), bosque (m)	шума (ж)	šúma
florestal (adj)	шумски	šúmski
mata (f) fechada	честар (м)	čéstar
arvoredo (m)	шумарак (м)	šumárak
clareira (f)	пропланак (м)	próplanak
matagal (m)	шипраг (м), шикара (ж)	šíprag, šíkara
mato (m), caatinga (f)	жбуње (с)	žbúnje
pequena trilha (f)	стаза (ж)	stáza
ravina (f)	јаруга (ж)	járuga
árvore (f)	дрво (с)	dŕvo
folha (f)	лист (м)	list
folhagem (f)	лишће (с)	líšće
queda (f) das folhas	листопад (м)	lístopad
cair (vi)	опадати (нг)	ópadati
topo (m)	врх (м)	vŕh
ramo (m)	грана (ж)	grána
galho (m)	грана (ж)	grána
botão (m)	пупољак (м)	púpoljak
agulha (f)	иглица (ж)	íglica
pinha (f)	шишарка (ж)	šíšarka
buraco (m) de árvore	дупља (ж)	dúplja
ninho (m)	гнездо (с)	gnézdo
toca (f)	јазбина, рупа (ж)	jázbina, rúpa
tronco (m)	стабло (с)	stáblo
raiz (f)	корен (м)	kóren
casca (f) de árvore	кора (ж)	kóra
musgo (m)	маховина (ж)	máhovina
arrancar pela raiz	крчити (нг)	kŕčiti
cortar (vt)	сећи (нг)	séći
desflorestar (vt)	крчити шуму	krčiti šúmu
toco, cepo (m)	пањ (м)	panj
fogueira (f)	логорска ватра (ж)	lógorska vátra
incêndio (m) florestal	шумски пожар (м)	šúmski póžar
apagar (vt)	гасити (нг)	gásiti

guarda-parque (m)	шумар (м)	šúmar
proteção (f)	заштита (ж)	záštita
proteger (a natureza)	штитити (пг)	štítiti
caçador (m) furtivo	ловокрадица (м)	lovokrádica
armadilha (f)	замка (ж)	zámka

| colher (cogumelos, bagas) | брати (пг) | bráti |
| perder-se (vr) | залутати (нг) | zalútati |

171. Recursos naturais

recursos (m pl) naturais	природна богатства (мн)	prírodna bógatstva
minerais (m pl)	рудна богатства (мн)	rúdna bógatstva
depósitos (m pl)	лежишта (мн)	léžišta
jazida (f)	налазиште (с)	nálazište

extrair (vt)	добијати (пг)	dobíjati
extração (f)	добијање (с)	dobíjanje
minério (m)	руда (ж)	rúda
mina (f)	рудник (м)	rúdnik
poço (m) de mina	рударско окно (с)	rúdarsko ókno
mineiro (m)	рудар (м)	rúdar

| gás (m) | гас (м) | gas |
| gasoduto (m) | плиновод (м) | plínovod |

petróleo (m)	нафта (ж)	náfta
oleoduto (m)	нафтовод (м)	náftovod
poço (m) de petróleo	нафтна бушотина (ж)	náftna búšotina
torre (f) petrolífera	нафтна платформа (ж)	náftna plátforma
petroleiro (m)	танкер (м)	tánker

areia (f)	песак (м)	pésak
calcário (m)	кречњак (м)	kréčnjak
cascalho (m)	шљунак (м)	šljúnak
turfa (f)	тресет (м)	tréset
argila (f)	глина (ж)	glína
carvão (m)	угаљ (м)	úgalj

ferro (m)	гвожђе (с)	gvóžđe
ouro (m)	злато (с)	zláto
prata (f)	сребро (с)	srébro
níquel (m)	никл (м)	nikl
cobre (m)	бакар (м)	bákar

zinco (m)	цинк (м)	cink
manganês (m)	манган (м)	mángan
mercúrio (m)	жива (ж)	žíva
chumbo (m)	олово (с)	ólovo

mineral (m)	минерал (м)	míneral
cristal (m)	кристал (м)	krístal
mármore (m)	мермер, мрамор (м)	mérmer, mrámor
urânio (m)	уран (м)	úran

A Terra. Parte 2

tempo (m)	време (c)	vréme
previsão (f) do tempo	временска прогноза (ж)	vrémenska prognóza
temperatura (f)	температура (ж)	temperatúra
termômetro (m)	термометар (м)	térmometar
barômetro (m)	барометар (м)	bárometar
úmido (adj)	влажан	vlážan
umidade (f)	влажност (ж)	vlážnost
calor (m)	вруħина (ж)	vrućína
tórrido (adj)	вруħ	vruć
está muito calor	вруħе је	vrúće je
está calor	топло је	tóplo je
quente (morno)	топао	tópao
está frio	хладно је	hládno je
frio (adj)	хладан	hládan
sol (m)	сунце (c)	súnce
brilhar (vi)	сијати (нг)	síjati
de sol, ensolarado	сунчан	súnčan
nascer (vi)	изаħи (нг)	ízaći
pôr-se (vr)	заħи (нг)	záći
nuvem (f)	облак (м)	óblak
nublado (adj)	облачан	óblačan
nuvem (f) preta	кишни облак (м)	kíšni óblak
escuro, cinzento (adj)	тmuran	tmúran
chuva (f)	киша (ж)	kíša
está a chover	пада киша	páda kíša
chuvoso (adj)	кишовит	kišóvit
chuviscar (vi)	сипити (нг)	sípiti
chuva (f) torrencial	пљусак (м)	pljúsak
aguaceiro (m)	пљусак (м)	pljúsak
forte (chuva, etc.)	јак	jak
poça (f)	бара (ж)	bára
molhar-se (vr)	покиснути (нг)	pókisnuti
nevoeiro (m)	магла (ж)	mágla
de nevoeiro	магловит	maglóvit
neve (f)	снег (м)	sneg
está nevando	пада снег	páda sneg

173. Tempo extremo. Catástrofes naturais

trovoada (f)	олуја (ж)	olúja
relâmpago (m)	муња (ж)	múnja
relampejar (vi)	севати (нг)	sévati
trovão (m)	гром (м)	grom
trovejar (vi)	грмети (нг)	gŕmeti
está trovejando	грми	gŕmi
granizo (m)	град (м)	grad
está caindo granizo	пада град	páda grad
ınundar (vt)	поплавити (пг)	póplaviti
inundação (f)	поплава (ж)	póplava
terremoto (m)	земљотрес (м)	zémljotres
abalo, tremor (m)	потрес (м)	pótres
epicentro (m)	епицентар (м)	epicéntar
erupção (f)	ерупција (ж)	erúpcija
lava (f)	лава (ж)	láva
tornado (m)	вихор (м)	víhor
tornado (m)	торнадо (м)	tórnado
tufão (m)	тајфун (м)	tájfun
furacão (m)	ураган (м)	úragan
tempestade (f)	олуја (ж)	olúja
tsunami (m)	цунами (м)	cunámi
ciclone (m)	циклон (м)	cíklon
mau tempo (m)	невреме (с)	névreme
incêndio (m)	пожар (м)	póžar
catástrofe (f)	катастрофа (ж)	katastrófa
meteorito (m)	метеорит (м)	meteórit
avalanche (f)	лавина (ж)	lávina
deslizamento (m) de neve	усов (м)	úsov
nevasca (f)	мећава (ж)	méćava
tempestade (f) de neve	мећава, вејавица (ж)	méćava, véjavica

Fauna

predador (m)	предатор, грабљивац (м)	prédator, grábljivac
tigre (m)	тигар (м)	tígar
leão (m)	лав (м)	lav
lobo (m)	вук (м)	vuk
raposa (f)	лисица (ж)	lísica
jaguar (m)	јагуар (м)	jáguar
leopardo (m)	леопард (м)	léopard
chita (f)	гепард (м)	gépard
pantera (f)	пантер (м)	pánter
puma (m)	пума (ж)	púma
leopardo-das-neves (m)	снежни леопард (м)	snéžni léopard
lince (m)	рис (м)	ris
coiote (m)	којот (м)	kójot
chacal (m)	шакал (м)	šákal
hiena (f)	хијена (ж)	hijéna

animal (m)	животиња (ж)	živótinja
besta (f)	звер (м)	zver
esquilo (m)	веверица (ж)	véverica
ouriço (m)	јеж (м)	jež
lebre (f)	зец (м)	zec
coelho (m)	куниħ (м)	kúnić
texugo (m)	јазавац (м)	jázavac
guaxinim (m)	ракун (м)	rákun
hamster (m)	хрчак (м)	hŕčak
marmota (f)	мрмот (м)	mŕmot
toupeira (f)	кртица (ж)	kŕtica
rato (m)	миш (ж)	miš
ratazana (f)	пацов (м)	pácov
morcego (m)	слепи миш (м)	slépi miš
arminho (m)	хермелин (м)	hérmelin
zibelina (f)	самур (м)	sámur
marta (f)	куна (ж)	kúna
doninha (f)	ласица (ж)	lásica
visom (m)	нерц, визон (м)	nerc, vízon

| castor (m) | дабар (м) | dábar |
| lontra (f) | видра (ж) | vídra |

cavalo (m)	коњ (м)	konj
alce (m)	лос (м)	los
veado (m)	јелен (м)	jélen
camelo (m)	камила (ж)	kámila

bisão (m)	бизон (м)	bízon
auroque (m)	зубар (м)	zúbar
búfalo (m)	бивол (м)	bívol

zebra (f)	зебра (ж)	zébra
antílope (m)	антилопа (ж)	antilópa
corça (f)	срна (ж)	sŕna
gamo (m)	јелен лопатар (м)	jélen lópatar
camurça (f)	дивокоза (ж)	dívokoza
javali (m)	вепар (м)	vépar

baleia (f)	кит (м)	kit
foca (f)	фока (ж)	fóka
morsa (f)	морж (м)	morž
urso-marinho (m)	фока (ж)	fóka
golfinho (m)	делфин (м)	délfin

urso (m)	медвед (м)	médved
urso (m) polar	бели медвед (м)	béli médved
panda (m)	панда (ж)	pánda

macaco (m)	мајмун (м)	májmun
chimpanzé (m)	шимпанза (ж)	šimpánza
orangotango (m)	орангутан (м)	orangútan
gorila (m)	горила (ж)	goríla
macaco (m)	макаки (м)	makáki
gibão (m)	гибон (м)	gíbon

elefante (m)	слон (м)	slon
rinoceronte (m)	носорог (м)	nósorog
girafa (f)	жирафа (ж)	žiráfa
hipopótamo (m)	нилски коњ (м)	nílski konj

| canguru (m) | кенгур (м) | kéngur |
| coala (m) | коала (ж) | koála |

mangusto (m)	мунгос (м)	múngos
chinchila (f)	чинчила (ж)	čínčila
cangambá (f)	твор (м)	tvor
porco-espinho (m)	дикобраз (м)	díkobraz

176. Animais domésticos

gata (f)	мачка (ж)	máčka
gato (m) macho	мачак (м)	máčak
cão (m)	пас (м)	pas

cavalo (m)	коњ (м)	konj
garanhão (m)	ждребац (м)	ždrébac
égua (f)	кобила (ж)	kóbila
vaca (f)	крава (ж)	kráva
touro (m)	бик (м)	bik
boi (m)	во (м)	vo
ovelha (f)	овца (ж)	óvca
carneiro (m)	ован (м)	óvan
cabra (f)	коза (ж)	kóza
bode (m)	јарац (м)	járac
burro (m)	магарац (м)	mágarac
mula (f)	мазга (ж)	mázga
porco (m)	свиња (ж)	svínja
leitão (m)	прасе (с)	práse
coelho (m)	кунић, домаћи зец (м)	kúnić, dómaći zec
galinha (f)	кокош (ж)	kókoš
galo (m)	певац (м)	pévac
pata (f), pato (m)	патка (ж)	pátka
pato (m)	патак (м)	pátak
ganso (m)	гуска (ж)	gúska
peru (m)	ћуран (м)	ćúran
perua (f)	ћурка (ж)	ćúrka
animais (m pl) domésticos	домаће животиње (мн)	domáće živótinje
domesticado (adj)	питом	pítom
domesticar (vt)	припитомљивати (пг)	pripitomljívati
criar (vt)	узгајати (пг)	uzgájati
fazenda (f)	фарма (ж)	fárma
aves (f pl) domésticas	живина (ж)	živína
gado (m)	стока (ж)	stóka
rebanho (m), manada (f)	стадо (с)	stádo
estábulo (m)	штала (ж)	štála
chiqueiro (m)	свињац (м)	svínjac
estábulo (m)	стаја (ж)	stája
coelheira (f)	зечињак (м)	zéčinjak
galinheiro (m)	кокошињац (м)	kókošinjac

177. Cães. Raças de cães

cão (m)	пас (м)	pas
cão pastor (m)	овчар (м)	óvčar
pastor-alemão (m)	немачки овчар (м)	némački óvčar
poodle (m)	пудла (ж)	púdla
linguicinha (m)	јазавичар (м)	jázavičar
buldogue (m)	булдог (м)	búldog

boxer (m)	боксер (м)	bókser
mastim (m)	мастиф (м)	mástif
rottweiler (m)	ротвајлер (м)	rótvajler
dóberman (m)	доберман (м)	dóberman
basset (m)	басет (м)	báset
pastor inglês (m)	бобтејл (м)	bóbtejl
dálmata (m)	далматинац (м)	dalmatínac
cocker spaniel (m)	кокер шпанијел (м)	kóker špánijel
terra-nova (m)	њуфаундленд (м)	njufáundlend
são-bernardo (m)	бернардинац (м)	bernardínac
husky (m) siberiano	хаски (м)	háski
Chow-chow (m)	чау-чау (м)	ćáu-ćáu
spitz alemão (m)	шпиц (м)	špic
pug (m)	мопс (м)	mops

178. Sons produzidos pelos animais

latido (m)	лавеж (м)	lávež
latir (vi)	лајати (нг)	lájati
miar (vi)	маукати (нг)	maúkati
ronronar (vi)	прести (нг)	présti
mugir (vaca)	мукати (нг)	múkati
bramir (touro)	рикати (нг)	ríkati
rosnar (vi)	режати (нг)	réžati
uivo (m)	завијање (с)	zavijanje
uivar (vi)	завијати (нг)	zavijati
ganir (vi)	цвилети (нг)	cvíleti
balir (vi)	блејати (нг)	bléjati
grunhir (vi)	гроктати (нг)	gróktati
guinchar (vi)	вриштати (нг)	vríštati
coaxar (sapo)	крекетати (нг)	krekétati
zumbir (inseto)	зујати (нг)	zújati
ziziar (vi)	цврчати (нг)	cvŕčati

179. Pássaros

pássaro (m), ave (f)	птица (ж)	ptíca
pombo (m)	голуб (м)	gólub
pardal (m)	врабац (м)	vrábac
chapim-real (m)	сеница (ж)	sénica
pega-rabuda (f)	сврака (ж)	svráka
corvo (m)	гавран (м)	gávran
gralha-cinzenta (f)	врана (ж)	vrána
gralha-de-nuca-cinzenta (f)	чавка (ж)	ćávka

gralha-calva (f)	гачац (м)	gáčac
pato (m)	патка (ж)	pátka
ganso (m)	гуска (ж)	gúska
faisão (m)	фазан (м)	fázan
águia (f)	орао (м)	órao
açor (m)	јастреб (м)	jástreb
falcão (m)	соко (м)	sóko
abutre (m)	суп (м)	sup
condor (m)	кондор (м)	kóndor
cisne (m)	лабуд (м)	lábud
grou (m)	ждрал (м)	ždral
cegonha (f)	рода (ж)	róda
papagaio (m)	папагај (м)	papágaj
beija-flor (m)	колибри (м)	kolíbri
pavão (m)	паун (м)	páun
avestruz (m)	ној (м)	noj
garça (f)	чапља (ж)	čáplja
flamingo (m)	фламинго (м)	flamíngo
pelicano (m)	пеликан (м)	pelíkan
rouxinol (m)	славуј (м)	slávuj
andorinha (f)	ластавица (ж)	lástavica
tordo-zornal (m)	дрозд (м)	drozd
tordo-músico (m)	дрозд певач (м)	drozd peváč
melro-preto (m)	кос (м)	kos
andorinhão (m)	брегуница (ж)	brégunica
cotovia (f)	шева (ж)	šéva
codorna (f)	препелица (ж)	prépelica
pica-pau (m)	детлић (м)	détlić
cuco (m)	кукавица (ж)	kúkavica
coruja (f)	сова (ж)	sóva
bufo-real (m)	совуљага (ж)	sovúljaga
tetraz-grande (m)	велики тетреб (м)	véliki tétreb
tetraz-lira (m)	мали тетреб (м)	máli tétreb
perdiz-cinzenta (f)	јаребица (ж)	jarébica
estorninho (m)	чворак (м)	čvórak
canário (m)	канаринац (м)	kanarínac
galinha-do-mato (f)	лештарка (ж)	léštarka
tentilhão (m)	зеба (ж)	zéba
dom-fafe (m)	зимовка (ж)	zímovka
gaivota (f)	галеб (м)	gáleb
albatroz (m)	албатрос (м)	álbatros
pinguim (m)	пингвин (м)	píngvin

180. Pássaros. Canto e sons

cantar (vi)	певати (нг, пг)	pévati
gritar, chamar (vi)	викати (нг)	víkati
cantar (o galo)	кукурикати (нг)	kukuríkati
cocorocó (m)	кукурику	kukuríku
cacarejar (vi)	кокодакати (нг)	kokodákati
crocitar (vi)	грактати (нг)	gráktati
grasnar (vi)	гакати (нг)	gákati
piar (vi)	пиштати (нг)	píštati
chilrear, gorjear (vi)	цвркутати (нг)	cvrkútati

181. Peixes. Animais marinhos

brema (f)	деверика (ж)	devérika
carpa (f)	шаран (м)	šáran
perca (f)	гргеч (м)	gŕgeč
siluro (m)	сом (м)	som
lúcio (m)	штука (ж)	štúka
salmão (m)	лосос (м)	lósos
esturjão (m)	јесетра (ж)	jésetra
arenque (m)	харинга (ж)	háringa
salmão (m) do Atlântico	атлантски лосос (м)	átlantski lósos
cavala, sarda (f)	скуша (ж)	skúša
solha (f), linguado (m)	лист (м)	list
lúcio perca (m)	смуђ (м)	smuđ
bacalhau (m)	бакалар (м)	bakálar
atum (m)	туна (ж), туњ (м)	tuna, tunj
truta (f)	пастрмка (ж)	pástrmka
enguia (f)	јегуља (ж)	jégulja
raia (f) elétrica	ража (ж)	ráža
moreia (f)	мурина (ж)	múrina
piranha (f)	пирана (ж)	pirána
tubarão (m)	ајкула (ж)	ájkula
golfinho (m)	делфин (м)	délfin
baleia (f)	кит (м)	kit
caranguejo (m)	краба (ж)	krába
água-viva (f)	медуза (ж)	medúza
polvo (m)	хоботница (ж)	hóbotnica
estrela-do-mar (f)	морска звезда (ж)	mórska zvézda
ouriço-do-mar (m)	морски јеж (м)	mórski jež
cavalo-marinho (m)	морски коњић (м)	mórski kónjić
ostra (f)	острига (ж)	óstriga
camarão (m)	шкамп (м)	škamp

lagosta (f)	хлап (м)	hlap
lagosta (f)	јастог (м)	jástog

182. Anfíbios. Répteis

cobra (f)	змија (ж)	zmíja
venenoso (adj)	отрован	ótrovan
víbora (f)	шарка (ж)	šárka
naja (f)	кобра (ж)	kóbra
píton (m)	питон (м)	píton
jiboia (f)	удав (м)	údav
cobra-de-água (f)	белоушка (ж)	beloúška
cascavel (f)	звечарка (ж)	zvéčarka
anaconda (f)	анаконда (ж)	anakónda
lagarto (m)	гуштер (м)	gúšter
iguana (f)	игуана (ж)	iguána
varano (m)	варан (м)	váran
salamandra (f)	даждевњак (м)	daždévnjak
camaleão (m)	камелеон (м)	kameléon
escorpião (m)	шкорпија (ж)	škórpija
tartaruga (f)	корњача (ж)	kórnjača
rã (f)	жаба (ж)	žába
sapo (m)	крастача (ж)	krástača
crocodilo (m)	крокодил (м)	krokódil

183. Insetos

inseto (m)	инсект (м)	ínsekt
borboleta (f)	лептир (м)	léptir
formiga (f)	мрав (м)	mrav
mosca (f)	мува (ж)	múva
mosquito (m)	комарац (м)	komárac
escaravelho (m)	буба (ж)	búba
vespa (f)	оса (ж)	ósa
abelha (f)	пчела (ж)	pčéla
mamangaba (f)	бумбар (м)	búmbar
moscardo (m)	обад (м)	óbad
aranha (f)	паук (м)	páuk
teia (f) de aranha	паучина (ж)	páučina
libélula (f)	вилин коњиц (м)	vílin kónjic
gafanhoto (m)	скакавац (м)	skákavac
traça (f)	мољац (м)	móljac
barata (f)	бубашваба (ж)	bubašvába
carrapato (m)	крпељ (м)	kŕpelj

pulga (f)	бува (ж)	búva
borrachudo (m)	мушица (ж)	múšica

gafanhoto (m)	миграторни скакавац (м)	mígratorni skákavac
caracol (m)	пуж (м)	puž
grilo (m)	цврчак (м)	cvŕčak
pirilampo, vaga-lume (m)	свитац (м)	svítac
joaninha (f)	бубамара (ж)	bubamára
besouro (m)	гундељ (м)	gúndelj

sanguessuga (f)	пијавица (ж)	píjavica
lagarta (f)	гусеница (ж)	gúsenica
minhoca (f)	црв (м)	cŕv
larva (f)	ларва (ж)	lárva

184. Animais. Partes do corpo

bico (m)	кљун (м)	kljun
asas (f pl)	крила (мн)	kríla
pata (f)	нога (ж)	nóga
plumagem (f)	перје (с)	pérje
pena, pluma (f)	перо (с)	péro
crista (f)	креста (ж)	krésta

brânquias, guelras (f pl)	шкрге (мн)	škŕge
ovas (f pl)	икра (ж)	íkra
larva (f)	личинка (ж)	líčinka
barbatana (f)	пераје (ж)	peráje
escama (f)	крљушт (ж)	kŕljušt

presa (f)	очњак (м)	óčnjak
pata (f)	шапа (ж)	šápa
focinho (m)	њушка (ж)	njúška
boca (f)	чељуст (ж)	čéljust
cauda (f), rabo (m)	реп (м)	rep
bigodes (m pl)	бркови (мн)	bŕkovi

casco (m)	копито (с)	kópito
corno (m)	рог (м)	rog

carapaça (f)	оклоп (м)	óklop
concha (f)	шкољка (ж)	škóljka
casca (f) de ovo	љуска (ж)	ljúska

pelo (m)	вуна (ж)	vúna
pele (f), couro (m)	кожа (ж)	kóža

185. Animais. Habitats

hábitat (m)	станиште (с)	stánište
migração (f)	миграција (ж)	migrácija
montanha (f)	планина (ж)	planína

| recife (m) | гребен (м) | grében |
| falésia (f) | литица (ж) | lítica |

floresta (f)	шума (ж)	šúma
selva (f)	џунгла (ж)	džúngla
savana (f)	савана (ж)	savána
tundra (f)	тундра (ж)	túndra

estepe (f)	степа (ж)	stépa
deserto (m)	пустиња (ж)	pústinja
oásis (m)	оаза (ж)	oáza

mar (m)	море (с)	móre
lago (m)	језеро (с)	jézero
oceano (m)	океан (м)	okéan

pântano (m)	мочвара (ж)	móčvara
de água doce	слатководни	slátkovodni
lagoa (f)	језерце (с)	jézerce
rio (m)	река (ж)	réka

toca (f) do urso	брлог (м)	brlog
ninho (m)	гнездо (с)	gnézdo
buraco (m) de árvore	дупља (ж)	dúplja
toca (f)	јазбина, рупа (ж)	jázbina, rúpa
formigueiro (m)	мравињак (м)	mrávinjak

Flora

árvore (f)	дрво (c)	dȓvo
decídua (adj)	листопадно	lístopadno
conífera (adj)	четинарско	čétinarsko
perene (adj)	зимзелено	zímzeleno
macieira (f)	јабука (ж)	jábuka
pereira (f)	крушка (ж)	krúška
cerejeira (f)	трешња (ж)	tréšnja
ginjeira (f)	вишња (ж)	víšnja
ameixeira (f)	шљива (ж)	šljíva
bétula (f)	бреза (ж)	bréza
carvalho (m)	храст (м)	hrast
tília (f)	липа (ж)	lípa
choupo-tremedor (m)	јасика (ж)	jásika
bordo (m)	јавор (м)	jávor
espruce (m)	јела (ж)	jéla
pinheiro (m)	бор (м)	bor
alerce, lariço (m)	ариш (м)	áriš
abeto (m)	јела (ж)	jéla
cedro (m)	кедар (м)	kédar
choupo, álamo (m)	топола (ж)	topóla
tramazeira (f)	јаребика (ж)	járebika
salgueiro (m)	врба (ж)	vȓba
amieiro (m)	јова (ж)	jóva
faia (f)	буква (ж)	búkva
ulmeiro, olmo (m)	брест (м)	brest
freixo (m)	јасен (м)	jásen
castanheiro (m)	кестен (м)	késten
magnólia (f)	магнолија (ж)	magnólija
palmeira (f)	палма (ж)	pálma
cipreste (m)	чемпрес (м)	čémpres
mangue (m)	мангрово дрво (c)	mángrovo dȓvo
embondeiro, baobá (m)	баобаб (м)	báobab
eucalipto (m)	еукалиптус (м)	eukalíptus
sequoia (f)	секвоја (ж)	sekvója

arbusto (m)	грм, жбун (м)	gȑm, žbun
arbusto (m), moita (f)	жбун (м)	žbun

videira (f)	винова лоза (ж)	vínova lóza
vinhedo (m)	виноград (м)	vínograd
framboeseira (f)	малина (ж)	málina
groselheira-negra (f)	црна рибизла (ж)	cŕna ríbizla
groselheira-vermelha (f)	црвена рибизла (ж)	crvéna ríbizla
groselheira (f) espinhosa	огрозд (м)	ógrozd
acácia (f)	багрем (м)	bágrem
bérberis (f)	жутика, шимширика (ж)	žútika, šimšírika
jasmim (m)	јасмин (м)	jásmin
junípero (m)	клека (ж)	kléka
roseira (f)	ружин грм (м)	rúžin gŕm
roseira (f) brava	шипак (м)	šípak

188. Cogumelos

cogumelo (m)	гљива, печурка (ж)	gljíva, péčurka
cogumelo (m) comestível	јестива гљива, печурка (ж)	jéstiva gljíva, péčurka
cogumelo (m) venenoso	отровна гљива (ж)	ótrovna gljíva
chapéu (m)	шешир (м)	šéšir
pé, caule (m)	ножица (ж)	nóžica
boleto, porcino (m)	вргањ (м)	vŕganj
boleto (m) alaranjado	јасикин турчин (м)	jásikin túrčin
boleto (m) de bétula	брезов дед (м)	brézov ded
cantarelo (m)	лисичарка (ж)	lísičarka
rússula (f)	красница (ж)	krásnica
morchella (f)	смрчак (м)	smŕčak
agário-das-moscas (m)	мухара (ж)	múhara
cicuta (f) verde	отровна гљива (ж)	ótrovna gljíva

189. Frutos. Bagas

fruta (f)	воћка (ж)	vóćka
frutas (f pl)	воће, плодови (мн)	vóće, plódovi
maçã (f)	јабука (ж)	jábuka
pera (f)	крушка (ж)	krúška
ameixa (f)	шљива (ж)	šljíva
morango (m)	јагода (ж)	jágoda
ginja (f)	вишња (ж)	víšnja
cereja (f)	трешња (ж)	tréšnja
uva (f)	грожђе (с)	gróžđe
framboesa (f)	малина (ж)	málina
groselha (f) negra	црна рибизла (ж)	cŕna ríbizla
groselha (f) vermelha	црвена рибизла (ж)	crvéna ríbizla
groselha (f) espinhosa	огрозд (м)	ógrozd
oxicoco (m)	брусница (ж)	brúsnica

laranja (f)	наранџа (ж)	nárandža
tangerina (f)	мандарина (ж)	mandarína
abacaxi (m)	ананас (м)	ánanas
banana (f)	банана (ж)	banána
tâmara (f)	урма (ж)	úrma
limão (m)	лимун (м)	límun
damasco (m)	кајсија (ж)	kájsija
pêssego (m)	бресква (ж)	bréskva
quiuí (m)	киви (м)	kívi
toranja (f)	грејпфрут (м)	gréjpfrut
baga (f)	бобица (ж)	bóbica
bagas (f pl)	бобице (мн)	bóbice
arando (m) vermelho	брусница (ж)	brúsnica
morango-silvestre (m)	шумска јагода (ж)	šúmska jágoda
mirtilo (m)	боровница (ж)	boróvnica

190. Flores. Plantas

flor (f)	цвет (м)	cvet
buquê (m) de flores	букет (м)	búket
rosa (f)	ружа (ж)	rúža
tulipa (f)	тулипан (м)	tulípan
cravo (m)	каранфил (м)	karánfil
gladíolo (m)	гладиола (ж)	gladióla
centáurea (f)	различак (м)	razlíčak
campainha (f)	звонце (с)	zvónce
dente-de-leão (m)	маслачак (м)	masláčak
camomila (f)	камилица (ж)	kamílica
aloé (m)	алоја (ж)	áloja
cacto (m)	кактус (м)	káktus
fícus (m)	фикус (м)	fíkus
lírio (m)	љиљан (м)	ljíljan
gerânio (m)	гераниум, здравац (м)	geránium, zdrávac
jacinto (m)	зумбул (м)	zúmbul
mimosa (f)	мимоза (ж)	mimóza
narciso (m)	нарцис (м)	nárcis
capuchinha (f)	драгољуб (м)	drágoljub
orquídea (f)	орхидеја (ж)	orhidéja
peônia (f)	божур (м)	bóžur
violeta (f)	љубичица (ж)	ljubičíca
amor-perfeito (m)	дан и ноћ	dan i noć
não-me-esqueças (m)	споменак (м)	spoménak
margarida (f)	красуљак (м)	krasúljak
papoula (f)	мак (м)	mak
cânhamo (m)	конопља (ж)	kónoplja

hortelã, menta (f)	нана, метвица (ж)	nána, métvica
lírio-do-vale (m)	ђурђевак (м)	đurđévak
campânula-branca (f)	висибаба (ж)	vísibaba

urtiga (f)	коприва (ж)	kópriva
azedinha (f)	кисељак (м)	kiséljak
nenúfar (m)	локвањ (м)	lókvanj
samambaia (f)	папрат (ж)	páprat
líquen (m)	лишај (м)	líšaj

estufa (f)	стакленик (м)	stáklenik
gramado (m)	травњак (м)	trávnjak
canteiro (m) de flores	цветна леја (ж)	cvétna léja

planta (f)	биљка (ж)	bíljka
grama (f)	трава (ж)	tráva
folha (f) de grama	травчица (ж)	trávčica

folha (f)	лист (м)	list
pétala (f)	латица (ж)	lática
talo (m)	стабљика (ж)	stábljika
tubérculo (m)	гомољ (м)	gómolj

broto, rebento (m)	изданак (м)	ízdanak
espinho (m)	трн (м)	trn

florescer (vi)	цветати (нг)	cvétati
murchar (vi)	венути (нг)	vénuti
cheiro (m)	мирис (м)	míris
cortar (flores)	одсећи (пг)	ódseći
colher (uma flor)	убрати (пг)	ubráti

191. Cereais, grãos

grão (m)	зрно (с)	zŕno
cereais (plantas)	житарице (мн)	žitárice
espiga (f)	клас (м)	klas

trigo (m)	пшеница (ж)	pšénica
centeio (m)	раж (ж)	raž
aveia (f)	овас (м)	óvas

painço (m)	просо (с)	próso
cevada (f)	јечам (м)	jéčam

milho (m)	кукуруз (м)	kukúruz
arroz (m)	пиринач (м)	pírinač
trigo-sarraceno (m)	хељда (ж)	héljda

ervilha (f)	грашак (м)	grášak
feijão (m) roxo	пасуљ (м)	pásulj
soja (f)	соја (ж)	sója
lentilha (f)	сочиво (с)	sóčivo
feijão (m)	махунарке (мн)	mahúnarke

GEOGRAFIA REGIONAL

192. Política. Governo. Parte 1

política (f)	политика (ж)	política
política (adj)	политички	polítički
política (m)	политичар (м)	polítičar

estado (m)	држава (ж)	država
cidadão (m)	држављанин (м)	državljanin
cidadania (f)	држављанство (c)	državljánstvo

| brasão (m) de armas | државни грб (м) | dŕžavni grb |
| hino (m) nacional | државна химна (ж) | državna hímna |

governo (m)	влада (ж)	vláda
Chefe (m) de Estado	шеф (м) државе	šef držáve
parlamento (m)	парламент (м)	parláment
partido (m)	странка (ж)	stránka

| capitalismo (m) | капитализам (м) | kapitalízam |
| capitalista (adj) | капиталистички | kapitalístički |

| socialismo (m) | социјализам (м) | socijalízam |
| socialista (adj) | социјалистички | socijalístički |

comunismo (m)	комунизам (м)	komunízam
comunista (adj)	комунистички	komunístički
comunista (m)	комуниста (м)	komunísta

democracia (f)	демократија (ж)	demokrátija
democrata (m)	демократа (м)	demókrata
democrático (adj)	демократски	demókratski
Partido (m) Democrático	демократска странка (ж)	demókratska stránka

liberal (m)	либерал (м)	libéral
liberal (adj)	либералан	líberalan
conservador (m)	конзерватор (м)	konzervátor
conservador (adj)	конзервативни	kónzervativni

república (f)	република (ж)	repúblika
republicano (m)	републиканац (м)	republikánac
Partido (m) Republicano	републиканска странка (ж)	republíkanska stránka

eleições (f pl)	избори (мн)	ízbori
eleger (vt)	изабирати (пг)	izábirati
eleitor (m)	бирач (м)	bírač
campanha (f) eleitoral	изборна кампања (ж)	ízborna kampánja
votação (f)	гласање (c)	glásanje
votar (vi)	гласати (нг)	glásati

sufrágio (m)	право (c) гласа	právo glása
candidato (m)	кандидат (м)	kandídat
candidatar-se (vi)	кандидовати се	kandidovati se
campanha (f)	кампања (ж)	kampánja

da oposição	опозициони	opozícioni
oposição (f)	опозиција (ж)	opozícija

visita (f)	посета (ж)	póseta
visita (f) oficial	званична посета (ж)	zvánična póseta
internacional (adj)	међународни	međunárodni

negociações (f pl)	преговори (мн)	prégovori
negociar (vi)	преговарати (нг)	pregovárati

193. Política. Governo. Parte 2

sociedade (f)	друштво (c)	drúštvo
constituição (f)	устав (м)	ústav
poder (ir para o ~)	власт (ж)	vlast
corrupção (f)	корупција (ж)	korúpcija

lei (f)	закон (м)	zákon
legal (adj)	законит	zákonit

justeza (f)	правда (ж)	právda
justo (adj)	праведан	právedan

comitê (m)	комитет (м)	komítet
projeto-lei (m)	нацрт (м) закона	nacrt zákona
orçamento (m)	буџет (м)	búdžet
política (f)	политика (ж)	polítika
reforma (f)	реформа (ж)	réforma
radical (adj)	радикалан	rádikalan

força (f)	снага (ж)	snága
poderoso (adj)	моћан	móćan
partidário (m)	присталица (м)	prístalica
influência (f)	утицај (м)	úticaj

regime (m)	режим (м)	réžim
conflito (m)	конфликт (м)	kónflikt
conspiração (f)	завера (ж)	závera
provocação (f)	провокација (ж)	provokácija

derrubar (vt)	оборити (пг)	obóriti
derrube (m), queda (f)	свргавање (c)	svrgávanje
revolução (f)	револуција (ж)	revolúcija

golpe (m) de Estado	државни удар (м)	držávni údar
golpe (m) militar	војни удар (м)	vójni údar

crise (f)	криза (ж)	kríza
recessão (f) econômica	економски пад (м)	ekónomski pad

manifestante (m)	демонстрант (м)	demónstrant
manifestação (f)	демонстрација (ж)	demonstrácija
lei (f) marcial	ванредно стање (c)	vánredno stánje
base (f) militar	војна база (ж)	vójna báza
estabilidade (f)	стабилност (ж)	stabílnost
estável (adj)	стабилан	stábilan
exploração (f)	експлоатација (ж)	eksploatácija
explorar (vt)	експлоатисати (нг)	eksploatísati
racismo (m)	расизам (м)	rasízam
racista (m)	расиста (м)	rásista
fascismo (m)	фашизам (м)	fašízam
fascista (m)	фашиста (м)	fašísta

194. Países. Diversos

estrangeiro (m)	странац (м)	stránac
estrangeiro (adj)	стран	stran
no estrangeiro	у иностранству	u inostránstvu
emigrante (m)	емигрант (м)	emígrant
emigração (f)	емиграција (ж)	emigrácija
emigrar (vi)	емигрирати (нг)	emigrírati
Ocidente (m)	Запад (м)	Západ
Oriente (m)	Исток (м)	Ístok
Extremo Oriente (m)	Далеки Исток (м)	Dáleki Ístok
civilização (f)	цивилизација (ж)	civilizácija
humanidade (f)	човечанство (c)	čovečánstvo
mundo (m)	свет (м)	svet
paz (f)	мир (м)	mir
mundial (adj)	светски	svétski
pátria (f)	отаџбина (ж)	ótadžbina
povo (população)	народ (м)	národ
população (f)	становништво (c)	stanovníštvo
gente (f)	људи (мн)	ljúdi
nação (f)	нација (ж)	nácija
geração (f)	генерација (ж)	generácija
território (m)	територија (ж)	teritórija
região (f)	регион (м)	regíon
estado (m)	држава (ж)	držáva
tradição (f)	традиција (ж)	trádicija
costume (m)	обичај (м)	óbičaj
ecologia (f)	екологија (ж)	ekológija
índio (m)	Индијанац (м)	Indijánac
cigano (m)	Циганин (м)	Cíganin
cigana (f)	Циганка (ж)	Cíganka

cigano (adj)	цигански	cíganski
império (m)	империја (ж)	impérija
colônia (f)	колонија (ж)	kólonija
escravidão (f)	ропство (c)	rópstvo
invasão (f)	инвазија (ж)	ínvazija
fome (f)	глад (ж)	glád

195. Grupos religiosos mais importantes. Confissões

religião (f)	религија (ж)	réligija
religioso (adj)	религиозан	réligiozan
crença (f)	вера (ж)	véra
crer (vt)	веровати (нг)	vérovati
crente (m)	верник (м)	vérnik
ateísmo (m)	атеизам (м)	ateízam
ateu (m)	атеиста (м)	ateísta
cristianismo (m)	хришћанство (c)	hríšćanstvo
cristão (m)	хришћанин (м)	hríšćanin
cristão (adj)	хришћански	hríšćanski
catolicismo (m)	католицизам (м)	katolicízam
católico (m)	католик (м)	kátolik
católico (adj)	католички	kátolički
protestantismo (m)	протестантизам (м)	protestantízam
Igreja (f) Protestante	протестантска црква (ж)	protestántska cŕkva
protestante (m)	протестант (м)	protéstant
ortodoxia (f)	православље (c)	právoslavlje
Igreja (f) Ortodoxa	православна црква (c)	právoslavna cŕkva
ortodoxo (m)	православни (м)	právoslavni
presbiterianismo (m)	презвитеријанство (c)	prezviterijánstvo
Igreja (f) Presbiteriana	презвитеријанска црква (ж)	prezviterijánska cŕkva
presbiteriano (m)	презвитеријанац (м)	prezviterijánac
luteranismo (m)	лутеранска црква (ж)	lutéranska cŕkva
luterano (m)	лутеранац (м)	lutéranac
Igreja (f) Batista	баптизам (м)	baptízam
batista (m)	баптиста (м)	baptísta
Igreja (f) Anglicana	англиканска црква (ж)	anglíkanska cŕkva
anglicano (m)	англиканац (м)	anglikánac
mormonismo (m)	мормонизам (м)	mormonízam
mórmon (m)	мормон (м)	mórmon
Judaísmo (m)	јудаизам (м)	judaízam
judeu (m)	Јеврејин (м)	Jévrejin
budismo (m)	будизам (м)	budízam

budista (m)	будиста (м)	budísta
hinduísmo (m)	хиндуизам (м)	hinduízam
hindu (m)	хиндуиста (м)	hinduísta
Islã (m)	ислам (м)	islam
muçulmano (m)	муслиман (м)	muslíman
muçulmano (adj)	муслимански	muslímanski
xiismo (m)	шиизам (м)	šiízam
xiita (m)	шиит (м)	šíit
sunismo (m)	сунизам (м)	sunízam
sunita (m)	сунит (м)	súnit

196. Religiões. Padres

padre (m)	свештеник (м)	svéštenik
Papa (m)	Римски Папа (м)	Rímski Pápa
monge (m)	монах (м)	mónah
freira (f)	монахиња (ж)	monáhinja
pastor (m)	пастор (м)	pástor
abade (m)	опат (м)	ópat
vigário (m)	викар (м)	víkar
bispo (m)	епископ (м)	épiskop
cardeal (m)	кардинал (м)	kardínal
pregador (m)	проповедник (м)	propovédnik
sermão (m)	проповед (ж)	própoved
paroquianos (pl)	парохијани (мн)	parohíjani
crente (m)	верник (м)	vérnik
ateu (m)	атеиста (м)	ateísta

197. Fé. Cristianismo. Islão

Adão	Адам (м)	Ádam
Eva	Ева (ж)	Eva
Deus (m)	Бог (м)	Bog
Senhor (m)	Господ (м)	Góspod
Todo Poderoso (m)	Свемоћни (м)	Svémoćni
pecado (m)	грех (м)	greh
pecar (vi)	грешити (нг)	gréšiti
pecador (m)	грешник (м)	gréšnik
pecadora (f)	грешница (ж)	gréšnica
inferno (m)	пакао (м)	pákao
paraíso (m)	рај (м)	raj
Jesus	Исус (м)	Isus
Jesus Cristo	Исус Христос (м)	Isus Hrístos

Espírito (m) Santo	Свети Дух (м)	Svéti Duh
Salvador (m)	Спаситељ (м)	Spásitelj
Virgem Maria (f)	Богородица (ж)	Bogoródica

Diabo (m)	Ђаво (м)	Đávo
diabólico (adj)	ђаволски	đávolski
Satanás (m)	Сатана (м)	Satána
satânico (adj)	сатански	satánski

anjo (m)	анђео (м)	ánđeo
anjo (m) da guarda	анђео чувар (м)	ánđeo čúvar
angelical	анђеоски	ánđeoski

apóstolo (m)	апостол (м)	ápostol
arcanjo (m)	арханђео (м)	arhánđeo
anticristo (m)	Антихрист (м)	Antíhrist

Igreja (f)	Црква (ж)	Cŕkva
Bíblia (f)	Библија (ж)	Bíblija
bíblico (adj)	библијски	bíblijski

Velho Testamento (m)	Стари Завет (м)	Stári Závet
Novo Testamento (m)	Нови Завет (м)	Nóvi Závet
Evangelho (m)	јеванђеље (с)	jevánđelje
Sagradas Escrituras (f pl)	Свето Писмо (с)	Svéto Písmo
Céu (sete céus)	Царство (с) небеско	Cárstvo nébesko

mandamento (m)	заповест (ж)	zápovest
profeta (m)	пророк (м)	prórok
profecia (f)	пророчанство (с)	proročánstvo

Alá (m)	Алах (м)	Álah
Maomé (m)	Мухамед (м)	Muhámed
Alcorão (m)	Куран (м)	Kúran

mesquita (f)	џамија (ж)	džámija
mulá (m)	хоџа (м)	hódža
oração (f)	молитва (ж)	mólitva
rezar, orar (vi)	молити се	móliti se

peregrinação (f)	ходочашће (с)	hodóčašće
peregrino (m)	ходочасник (м)	hodóčasnik
Meca (f)	Мека (ж)	Méka

igreja (f)	црква (ж)	cŕkva
templo (m)	храм (м)	hram
catedral (f)	катедрала (ж)	katedrála
gótico (adj)	готички	gótički
sinagoga (f)	синагога (ж)	sinagóga
mesquita (f)	џамија (ж)	džámija

capela (f)	капела (ж)	kapéla
abadia (f)	опатија (ж)	opátija
convento (m)	женски манастир (м)	žénski mánastir
monastério (m)	мушки манастир (м)	múški mánastir
sino (m)	звоно (с)	zvóno

| campanário (m) | звоник (м) | zvónik |
| repicar (vi) | звонити (нг) | zvóniti |

cruz (f)	крст (м)	kŕst
cúpula (f)	купола (ж)	kúpola
ícone (m)	икона (ж)	íkona

alma (f)	душа (ж)	dúša
destino (m)	судбина (ж)	súdbina
mal (m)	зло (с)	zlo
bem (m)	добро (с)	dóbro

vampiro (m)	вампир (м)	vámpir
bruxa (f)	вештица (ж)	véštica
demônio (m)	демон (м)	démon
espírito (m)	дух (м)	duh

| redenção (f) | искупљење (с) | iskúplenje |
| redimir (vt) | искупити (пг) | iskúpiti |

missa (f)	служба (ж)	slúžba
celebrar a missa	служити (нг)	slúžiti
confissão (f)	исповест (ж)	íspovest
confessar-se (vr)	исповедати се	ispovédati se

santo (m)	светац (м)	svétac
sagrado (adj)	свет	svet
água (f) benta	света вода (ж)	svéta vóda

ritual (m)	ритуал (м)	ritúal
ritual (adj)	ритуалан	rítualan
sacrifício (m)	приношење (с) жртве	prinóšenje žŕtve

superstição (f)	сујеверје (с)	sújeverje
supersticioso (adj)	сујеверан	sújeveran
vida (f) após a morte	загробни живот (м)	zágrobni žívot
vida (f) eterna	вечни живот (м)	véčni žívot

TEMAS DIVERSOS

198. Várias palavras úteis

ajuda (f)	помоћ (ж)	pómoć
barreira (f)	преграда (ж)	prégrada
base (f)	база (ж)	báza
categoria (f)	категорија (ж)	kategórija
causa (f)	узрок (м)	úzrok
coincidência (f)	коинциденција (ж)	koincidéncija
coisa (f)	ствар (ж)	stvar
começo, início (m)	почетак (м)	počétak
cômodo (ex. poltrona ~a)	комфоран	kómforan
comparação (f)	поређење (с)	póređenje
compensação (f)	компензација (ж)	kompenzácija
crescimento (m)	раст (м)	rast
desenvolvimento (m)	развој (м)	rázvoj
diferença (f)	разлика (ж)	rázlika
efeito (m)	ефекат (м)	éfekat
elemento (m)	еленемат (м)	elémenat
equilíbrio (m)	равнотежа (ж)	ravnotéža
erro (m)	грешка (ж)	gréška
esforço (m)	напор (м)	nápor
estilo (m)	стил (м)	stil
exemplo (m)	пример (м)	prímer
fato (m)	чињеница (ж)	čínjenica
fim (m)	крај (м)	kraj
forma (f)	облик (м)	óblik
frequente (adj)	чест	čest
fundo (ex. ~ verde)	позадина (ж)	pózadina
gênero (tipo)	врста (ж)	vŕsta
grau (m)	степен (м)	stépen
ideal (m)	идеал (м)	idéal
labirinto (m)	лавиринт (м)	lavírint
modo (m)	начин (м)	náčin
momento (m)	моменат (м)	mómenat
objeto (m)	објекат, предмет (м)	óbjekat, prédmet
obstáculo (m)	препрека (ж)	prépreka
original (m)	оригинал (м)	origínal
padrão (adj)	стандардни	standárdni
padrão (m)	стандард (м)	stándard
paragem (pausa)	пауза, станка (ж)	páuza, stánka
parte (f)	део (м)	déo

partícula (f)	**делић** (м)	délić
pausa (f)	**пауза** (ж)	páuza
posição (f)	**позиција** (ж)	pózicija
princípio (m)	**принцип** (м)	príncip
problema (m)	**проблем** (м)	próblem
processo (m)	**процес** (м)	próces
progresso (m)	**прогрес** (м)	prógres
propriedade (qualidade)	**својство** (с)	svójstvo
reação (f)	**реакција** (ж)	reákcija
risco (m)	**ризик** (м)	rízik
ritmo (m)	**темпо** (м)	témpo
segredo (m)	**тајна** (ж)	tájna
série (f)	**серија** (ж)	sérija
sistema (m)	**систем** (м)	sístem
situação (f)	**ситуација** (ж)	situácija
solução (f)	**решење** (с)	rešénje
tabela (f)	**таблица** (ж)	táblica
termo (ex. ~ técnico)	**термин** (м)	términ
tipo (m)	**тип** (м)	tip
urgente (adj)	**хитан**	hítan
urgentemente	**хитно**	hítno
utilidade (f)	**корист** (ж)	kórist
variante (f)	**варијанта** (ж)	varijánta
variedade (f)	**избор** (м)	ízbor
verdade (f)	**истина** (ж)	ístina
vez (f)	**ред** (м)	red
zona (f)	**зона** (ж)	zóna

www.ingramcontent.com/pod-product-compliance
Lightning Source LLC
Chambersburg PA
CBHW071341090426
42738CB00012B/2969